AV

Aisthesis Studienbuch
Band 7

Dieter Heimböckel

Kein neues Theater mit alter Theorie

Stationen der Dramentheorie von Aristoteles bis Heiner Müller

AISTHESIS VERLAG

Bielefeld 2011

Bibliografische Information der Deutschen Nationalbibliothek

Die Deutsche Nationalbibliothek verzeichnet diese Publikation in der Deutschen Nationalbibliografie; detaillierte bibliografische Daten sind im Internet über http://dnb.d-nb.de abrufbar.

2., verbesserte Aufl.

Postfach 10 04 27, D-33504 Bielefeld
Satz: Germano Wallmann, www.geisterwort.de
Druck: docupoint GmbH, Magdeburg

ISBN 978-3-89528-787-9
www.aisthesis.de

Inhaltsverzeichnis

Vorwort

Ein historischer Überblick zum Drama und seiner Theorie hat auf den ersten Blick etwas Hybrides. Denn immerhin wollen, wenn man nicht nur an die deutsche Dramentheorie, sondern auch an die historischen Grundlegungen und Weiterentwicklungen denkt, mehr als 2000 Jahre Theoriegeschichte aufgearbeitet und aufbereitet werden. Die notwendigerweise zu treffende Auswahl folgt Schwerpunktsetzungen, die in der Regel kanonisiert sind. Das hat dem Drama und seiner Analyse nicht immer gutgetan, weil das Festhalten an Konventionen bzw. die Einschreibung in bestimmte Traditionszusammenhänge die Sicht auf das innovative Potential mancher Dramenformen getrübt hat. Hiermit freilich wird nichts Neues angesprochen, sondern nur noch einmal vor Augen geführt, was der allgemeinen Literaturgeschichtsschreibung schon längst als Problem bekannt ist.

Analyse, auf welche Gattung sie sich auch immer beziehen mag, kommt jedoch ohne deren historische Verortung nicht aus. Das ist von Vertretern strikter Werkimmanenz ebenso wenig wie von poststrukturalistischer Seite ernsthaft in Zweifel gezogen worden. Und selbst dort, wo sie ausdrücklich nicht geleistet wird, denkt man sie größtenteils stillschweigend mit. Da über die Brauchbarkeit des analytischen Instrumentariums jenseits des Einzelfalls entschieden wird, bleibt hierfür der literatur- und theoriegeschichtliche Bedingungszusammenhang, in den es hineingestellt wird, maßgeblich. Die Lehre von den drei Einheiten etwa ist so lange eine Kategorie ohne analytischen Wert, solange von ihrer Anwendung lediglich auf die Nachhaltigkeit der klassizistischen Doktrin oder auf einen Regelkonformismus geschlossen wird. Ohne die Möglichkeit einer poetologischen Einordnung und ohne das Vorwissen darüber, dass das Drama im 19. und vor allem im 20. Jahrhundert nach *„transzendentaler dramaturgischer Selbstreflexion“* (Mennemeier 1994, 89) strebt, ließen sich am Ende Goethes *Iphigenie auf Tauris* und Thomas Bernhards *Die Jagdgesellschaft* in Hinsicht auf die Einheitslehre als vergleichbare Musterbeispiele ihrer Gattung verstehen.

Der historische Überblick versteht sich daher als ein Baustein zur Heuristik des Dramas. Das schließt den Dramenbegriff, wie er aus der Gattungstrias geläufig ist, naturgemäß mit ein. Von einer mittlerweile fragwürdig gewordenen Dichtungsform zu sprechen (vgl. Poschmann 1997; dagegen Haas 2007), hieße ja nichts weniger, als den Standpunkt der (jüngeren und jüngsten) Gegenwart absolut zu setzen. Mit Bedeutungsverschiebungen und veränderten Gewichtungen hat die literaturwissenschaftliche Begriffs- und Kategorienbildung allerdings immer schon zu leben (und fallweise zu kämpfen) gehabt. Die Selbstverständlichkeit, mit der in den Jahren nach 1945 noch über *Grundbegriffe der Poetik* (Staiger 1946) nachgedacht wurde, stößt heute auf entschiedenen Widerstand und macht der Einsicht Platz, dass der Begriff der Poetik allenfalls „im Plural möglicherweise einige Berechtigung hat." (Jung 1997, 10) Auch wenn die Schrift *Peri poiētikēs* des Aristoteles nicht nur die Mutter aller Poetiken, sondern auch ihre Namensgeberin ist, so steht dem begriffsgeschichtlichen Argument das Bedürfnis der modernen Literaturwissenschaft nach systematischer Erfassung ihres jeweiligen Gegenstandsgebietes und ein insgesamt strengeres Methodenbewusstsein berechtigterweise entgegen. Es empfiehlt sich daher, statt von Dramenpoetik von Dramentheorie zu sprechen und damit eine terminologische Gepflogenheit aufzugreifen, durch die mittlerweile ältere Bezeichnungen (neben Dramenpoetik noch Dramaturgie und Dramenästhetik) verdrängt worden sind (vgl. R. Grimm 1971; Asmuth 1992, 186ff.; Krieger 1995; Schmid 1997, 403ff.).

Zur Benutzung des Studienbuches: Es ist das Anliegen der nachfolgenden Ausführungen, einen zusammenfassenden Überblick über die für die Gattungsgeschichte zentralen Stationen der deutschen Dramentheorie und ihre Voraussetzungen zu vermitteln. Sie dienen der Einführung und möchten zugleich zur weiterführenden Vertiefung in das Thema beitragen. Dem Charakter des Studienbuches entsprechend, enthält das Literaturverzeichnis ausführliche bibliographische Angaben sowohl zur konsultierten Primär- und Sekundärliteratur als auch zur thematisch weiterführenden Forschungsliteratur. Der Haupttext weist daher wie das Glossar Quellen und Zitate lediglich in Kurzform nach. In dem Glossar sind wichtige Begriffe zur Theorie und Gattung des Dramas versammelt. Damit sollen erklärende Wiederholungen vermieden, begriffliche (und jeweils durch einen Pfeil markierte) Querverbindungen hergestellt und ein dramentheoretisches und -analytisches Begriffsrepertoire zur Verfügung gestellt werden. Die Ausführlichkeit der Erklärungen bemisst sich dabei nach der Komplexität der Termini und ihrer begrifflichen Entfaltung im vorliegenden Text. Für ihre Mitwirkung an der Erstellung des Glossars dankt der Verfasser Susanne Dechantsreiter.

Luxemburg und Trier
im Februar 2010

Dieter Heimböckel

1. Dramentheoretische Grundlegung in der Antike Aristoteles und Horaz

In der Theorie des Dramas lassen sich prinzipiell zwei historische Linien unterscheiden: eine von Aristoteles ausgehende präskriptive Linie, auf deren Normsetzung noch das epische Theater Bertolt Brechts reagiert, und eine spekulativ-deskriptive Linie, wie sie sich zunächst um 1800 in der philosophischen Ästhetik und im 20. Jahrhundert im Wissenschaftsdiskurs (im russischen Formalismus, im französischen und Prager Strukturalismus sowie in Texttheorie und Theatersemiotik) herausbildet. Während die normativ operierende Dramentheorie sich auf einen spezifischen historischen Dramentyp bezieht und ihn verabsolutiert, negiert die deskriptiv orientierte Dramentheorie „die absolute, zeitlos gültige Dominanz dramatischer Handlung der aristotelischen und klassischen Tradition“ (Schmid 1997, 405).

Mit der *Poetik* des Aristoteles beginnt die Geschichte der normativen Dramentheorie. Auch wenn seine Dichtungslehre sich einer solch eindeutigen Zuordnung verweigert, weil sie sowohl normativ als auch deskriptiv argumentiert (vgl. Söffing 1981), so bildet sie doch wirkungsgeschichtlich den Bezugsrahmen einer strikt regelpoetischen Auslegung (vgl. Pfister 2001, 18). Vergleichbares lässt sich zur Gattungspoetik im Allgemeinen sagen: Ansätze dazu finden sich zwar schon bei Platon, wenn dieser in *Politeia* (392d-398b) zwischen nachahmender und erzählender Darstellung unterscheidet und zu einer am Redekriterium orientierten Gattungsdifferenzierung vordringt (vgl. Platon 1982, II 90ff.); aber nach dem, was bekannt ist, gab es zuvor keine selbständige und systematisch angelegte Schrift, die sich der Dichtkunst und insbesondere der dramatischen Dichtung gewidmet hätte. Dabei ist der wohl während der Meisterzeit, also in den Jahren nach 336 v. Chr. entstandene und für den Schulgebrauch bestimmte Text nur unvollständig auf die Nachwelt gekommen. Der zweite Teil, der die Komödie und vermutlich auch die Jambendichtung behandelte, ist verloren gegangen (vgl. Fuhrmann 2003, 2). Erhalten blieb dagegen der erste Band, in dessen Zentrum, umrahmt von allgemeinen Überlegungen zur Dichtkunst (Kap. 1-5) und Epostheorie (Kap. 23-26), die Tragödie (Kap. 6-22) steht.

Es wäre zunächst verfehlt, das quantitative Übergewicht der Tragödiendarstellung mit deren Priorisierung gegenüber dem Epos gleichzusetzen. Da aus Aristoteles' Sicht beide Gattungen in zentralen Punkten übereinstimmen, belässt er es bei Andeutungen und Verweisen auf Kategorien, die in den Abschnitten zur Tragödie entwickelt werden. Am Ende des ersten Teils macht er jedoch keinen Hehl daraus, dass er der Tragödie den Vorrang einräumt (vgl. Schwinge 1990). Insofern er der Wirkung in seiner Dichtungstheorie einen zentralen Stellenwert zuweist, wird deren Effizienz, die sich nach dem Grad der Unmittelbarkeit, dem Umfang und der Handlungseinheit bemisst, auch zum Maßstab seiner Gattungsqualifizierung: „Wenn sich nun die Tragödie in allen diesen Dingen auszeichnet und überdies noch in der von der Kunst angestrebten Wirkung [...], dann ist klar, daß sie dem Epos überlegen ist, da sie ihre Wirkung besser erreicht als jenes" (Aristoteles 1982, 99).

Die aristotelische Wirkungslehre ist der Angelpunkt der *Poetik* und in ihrer Ausprägung zugleich ein Gegenstand von auslegungs- und rezeptionsgeschichtlich hoher Brisanz. Dabei ist sie selbst schon ein Stück Deutungsgeschichte, das sich nicht so ohne Weiteres auf die der attischen Tragödie entstammenden Vorlagen, aus denen sie hergeleitet wurde, zurückbeziehen lässt (vgl. Lehmann 2002, 1862). Bis heute sorgt sie jedoch für Irritation, und im Grunde ist die Diskussion um ihre Bedeutung nach wie vor im Gang (vgl. Luserke 1991). Was den „Auslegern viel Not" (Goethe 1981, XIII 342) bereitet, ist in dem Kernstück der *Poetik* zusammengefasst:

> Die Tragödie ist Nachahmung einer guten und in sich geschlossenen Handlung von bestimmter Größe, in anziehend geformter Sprache, wobei diese formenden Mittel in den einzelnen Abschnitten je verschieden angewandt werden – Nachahmung von Handelnden und nicht durch Bericht, die Jammer und Schaudern hervorruft und hierdurch eine Reinigung von derartigen Erregungszuständen bewirkt. (Aristoteles 1982, 19)

Der eigentliche Zweck der Tragödie besteht darin, Jammer (éleos) und Schaudern (phóbos) beim Zuschauer (bzw. Leser) hervorzurufen, um damit eine Reinigung (Katharsis) von diesen Gefühlsreaktionen zu bewirken. Schon der Begriff der Katharsis ist allerdings vieldeutig und „kann auf rituelle Waschungen, auf medizinisch heilsame Abreaktionen von Affekten und auf moralisch-intellektuelle Klärung (Milderung, Mäßigung oder Austreibung von Affekten) bezogen werden" (Lehmann 2002, 1862). Zusätzlich erschwert wird die semantische Zuweisung durch den Übersetzungsspielraum, den der Text zur Verfügung stellt. In seiner langen Auslegungstradition wurde die Formel von der Reinigung der Leidenschaften einmal im Sinne des

Genetivus obiectivus interpretiert, wodurch man in den Affekten selbst den Gegenstand der Katharsis erblickte (Reinigung der Affekte). Der Genitivus separativus erlaubt es demgegenüber, an eine Reinigung von den Affekten zu denken, während unter dem Gesichtspunkt des Genitivus subiectivus der Akzent auf die reinigende Kraft der Leidenschaften, „als Transportmittel für die Beförderung moralischer Werte" (Alt 1994, 29), gelegt wurde. Infolge der wirkungsmächtigen Auslegung Lessings, der das Begriffspaar phóbos und éleos noch mit Furcht und Mitleid übersetzte, begriff man die Katharsis lange Zeit als einen Akt moralisch-ethischer Läuterung und Veredelungsprozess, der zur Verwandlung der Leidenschaften in tugendhafte Fertigkeiten beitrage. Erst nachdem Wolfgang Schadewaldt (1955) die medizinisch-therapeutische Dimension des Begriffs in den Vordergrund schob und darauf aufmerksam machte, dass mit dem Reinigungsvorgang die Ausleitung eines der Gesundheit abträglichen Affektstatus verknüpft war, ist Lessings Version erschüttert worden, ohne jedoch ganz ihre Überzeugungskraft eingebüßt zu haben. Denn in der gegenwärtigen Tragödienforschung ist die Frage, ob der physiologische Reinigungseffekt nicht auch einen moralischen Zweck mit einschließen könne, noch zu keiner abschließenden Antwort gekommen (vgl. Fuhrmann 2003, 109f.).

Die nach wie vor ungelöste Auslegungsproblematik ändert jedoch nichts an der Bedeutung der Katharsislehre innerhalb der aristotelischen *Poetik*. Sie macht aus ihr, zugespitzt formuliert, eher eine Wirkungs- als eine Formtheorie (vgl. Kommerell 1984, 58f.). So sind die Strukturmerkmale (Einheit von Handlung und Zeit, Verwicklung und Katastrophe, Peripetie und Anagnorisis) und die Figurenpsychologie (hamartía bzw. mittlerer Charakter) im Wesentlichen aus den Grundkategorien der Wirkung deduziert, während diejenigen Elemente, die nach Aristoteles die Tragödie als Drama konstituieren, dazu die Voraussetzung bilden. Neben der Sprache (lexis), der Inszenierung (opsis), dem Gesang (melopoiía) und der – auf die Charaktere bezogenen – Erkenntnisfähigkeit (diánoia) sind es hier insbesondere Handlung (mythos) und Charakter (ethe), denen in der *Poetik* besondere Aufmerksamkeit geschenkt wird. Das geschieht nicht im Stile der durch die Aufklärungspoetik ausgelösten Streitfrage, welchem der beiden Elemente in der Tragödie der Vorrang gebühre, denn für Aristoteles stand außer Zweifel, dass die Tragödie auf Nachahmung (Mimesis) von „Handlung und von Lebenswirklichkeit" und nicht von „Menschen" beruhe (Aristoteles 1982, 21). Sein Interesse an ihnen ist allen voran ein wirkungsbezogenes. Ist es Aufgabe der Handlung, durch unvorhergesehene, aber nichtsdestoweniger folgerichtig auseinander hervorgehende Ereignisse Jammer und Schaudern zu erregen (vgl. Aristoteles 1982, 33), so hat der Charakter diesbezüglich eine verstärkende Funktion zu übernehmen, weil sich durch die Darstellung des schrecklichen Unglücks allein die Wirkung nicht einstellen würde. Damit der gewünschte Effekt eintritt, muss darauf geachtet werden, dass der Zuschauer sich mit dem tragischen Schicksal des Helden identifiziert. Er darf daher weder Schuft noch Heiliger sein, da man ansonsten sein Unglück als gerecht oder zu grausam empfinden würde. „So bleibt der Held übrig, der zwischen den genannten Möglichkeiten steht. Dies ist bei jemandem der Fall, der nicht trotz seiner sittlichen Größe und seines hervorragenden Gerechtigkeitsstrebens, aber auch nicht wegen seiner Schlechtigkeit und Gemeinheit einen Umschlag ins Unglück erlebt, sondern wegen eines Fehlers" (Aristoteles 1982, 39). Mit der Vorstellung vom mittleren Charakter ist allerdings nicht Mittelmäßigkeit intendiert. Das gilt sowohl für seinen sozialen Status als auch für seine ethisch-moralische Verfassung. Zwar macht er sich einer Verfehlung schuldig (hamartía), er gehört aber zu den Menschen, „die besser sind als wir", und setzt sich durch seine Herkunft „wie Ödipus und Thyestes und andere hervorragende Männer aus derartigen Geschlechtern" von der Allgemeinheit ab (Aristoteles 1982, 39). Gerade das Standeskriterium, aus dem die neuzeitliche Dramentheorie das Gesetz der Fallhöhe bzw. die Ständeklausel abgeleitet hat, soll dazu beitragen, das Interesse am Werdegang des Helden zu wecken und für die Dauer des Stücks wachzuhalten. Ingesamt aber stellt sich das an die Wirkungsaffekte gebundene Vergnügen an der Tragödie nur dann ein, wenn das Zusammenspiel von Handlung und Charakter psycho- und handlungslogisch präzise abgestimmt ist.

Der Einfluss der *Poetik* auf das Dramenverständnis der Neuzeit kann nicht hoch genug eingeschätzt werden und ist selbst mit Blick auf die Literatur und Literaturtheorie im Ganzen unvergleichlich. Auch wenn sie seit der Auflösung der normativen Poetik und Ästhetik nur noch „negativ wirksam wurde" (Lehmann 2001, 310), was im Einzelnen zu prüfen wäre, so ist sie doch in Bezug auf die (historische) Begriffsbildung und Gattungsbestimmung zum Drama das nicht zu hintergehende Maß der Dinge. Die Nachhaltigkeit der antiken Dramentheorie gibt sich nicht nur in ihren positiven Grundlegungen zu erkennen, sondern auch in ihren Verdikten und selbst darin, was nicht eigentlicher Gegenstand ihrer Auseinandersetzung war. Dass man das Theater als Kunst erst zu Beginn des 20. Jahrhunderts in seiner ganzen Eigentümlichkeit zu würdigen und theoretisch zu erfassen begann, ist unter anderem auf die aristotelische Privilegierung des literarischen Textes gegenüber der

Inszenierung zurückzuführen. Während heute in der Bestimmung zur Aufführung allgemein eine gattungstheoretisch grundlegende Differenzqualität des Dramas gesehen wird, maß Aristoteles, seiner leitenden Kategorie der Mimesis entsprechend (vgl. Greiner 2006, 25), der Bühnenkunst keine sonderliche Bedeutung bei. „Die Inszenierung vermag zwar die Zuschauer zu ergreifen; sie ist jedoch das Kunstloseste und hat am wenigsten etwas mit der Dichtkunst zu tun." (Aristoteles 1982, 25) Bezeichnender noch für die von der *Poetik* ausgehende Autorität sind die Folgen, die aus der in ihr nur rudimentär angelegten Theoriebildung zur Komödie entstanden sind. Indem sie ihr Augenmerk fast nur auf die Tragödie richtete, wurde nachfolgend das genuin Komische eher vernachlässigt und mit Blick auf die Bestimmung der Komödie als einer „Nachahmung von schlechteren Menschen" (Aristoteles 1982, 17) lange Zeit abwertend behandelt. Auf der anderen Seite aber ist durch das Manko ihrer systematischen Beschreibung die Entwicklung von Varianten befördert worden, die sie zur „formenreichsten Gattung im westlichen Theater von der Antike bis heute" (Schneilin 2001a, 546) macht. Ob der zweite Teil der *Poetik* im Falle seiner Überlieferung daran etwas geändert hätte, muss dahingestellt bleiben. Dadurch aber, dass die Komödie erfundene statt, wie in der Tragödie, durch Mythos und Geschichte beglaubigte Stoffe aufgreifen sollte (vgl. Aristoteles 1982, 31), waren ihr, zumindest in thematischer Hinsicht, von vornherein weniger enge Grenzen gesetzt. Friedrich Dürrenmatts Wort von der „ungestaltete[n]" Welt, die die Komödie im Gegensatz zur „gestaltete[n] Welt" der Tragödie zur Voraussetzung habe (Dürrenmatt 1966, 120), ist noch ein Reflex auf die von Aristoteles umrisshaft beschriebene Gattungsdifferenz.

Die bis in die Literatur der Moderne zu verfolgende Einfluss- bzw. Wirkungsgeschichte der aristotelischen *Poetik* ist, worauf ansatzweise schon aufmerksam gemacht wurde, vor allem ein neuzeitliches Phänomen. Spuren seiner Dichtungstheorie lassen sich in seiner eigenen Schule, bei seinem Nachfolger Theophrast und in der hellenischen Philologie nachweisen, doch hat seine Schrift selbst sowohl in der Antike als auch im Mittelalter kaum Beachtung gefunden (vgl. Fuhrmann 1982, S. 173f.). Nicht einmal Horaz dürfte die Dichtungstheorie des Aristoteles gekannt haben (vgl. Fuhrmann 2003, 145), obwohl seine Kunstlehre der Theorietradition verpflichtet ist, die durch die *Poetik* initiiert wurde. Entsprechend betrachtete man in Humanismus und Renaissance Horaz noch als Schüler des Aristoteles, ohne jedoch die Eigenheiten seiner Versepistel *Ars Poetica* (9 v. Chr.) aus den Augen zu verlieren. Ganz im Gegenteil! Man behandelte seine Theorie zunächst nicht als Kommentar, sondern zog umgekehrt, einem Vereinheitlichungsstreben folgend, bei dem Horaz die Führung eingeräumt wurde, „die Poetik des Aristoteles zur Illustration der Ars Poetica heran“ (Schäfer 1984, 62).

Ein solches Vorgehen weist auf die Anfänge der formalen Literaturkritik (15. Jh.) zurück, die ungefähr mit der Übersetzung der *Ars Poetica* in die maßgeblichen Nationalsprachen der Neuzeit zusammenfällt. Denn im Unterschied zur aristotelischen Poetik ist die horazische vor allem eine Formtheorie, die in der Kategorie der Angemessenheit (lat. decorum oder aptum) ihren alles beherrschenden Bezugspunkt hat. Fragen der Gestaltung und des Stils fanden daher ihr besonderes Interesse und lösten sich, insofern sie danach strebte, den klassischen Kanon zu bewahren und das Gültige zu kodifizieren (vgl. Fuhrmann 2003, 125), in eine Vielzahl von Anleitungen und Regeln zur Dichtung auf. Hierzu gehören mit Blick auf das Drama das Gebot der fünfaktigen Handlungsgliederung (V. 189f.) und die Dreipersonenregel (V. 192), aber auch die Unterscheidung zwischen vollbrachter (dargestellter) und berichteter (verdeckter) Handlung (V. 179ff.) sowie die Lehre von der gattungsadäquaten Stilhöhe als Unterscheidungskriterium zwischen Tragödie und Komödie (V. 89ff.). Dabei wohnen der horazischen Stillehre ein werk- und ein wirkungsästhetisches Moment inne. Sie referiert einerseits auf das Artefakt bzw. auf die ästhetischen Anforderungen, die man an den Dichter stellt, andererseits zieht sie die unterweisende und belehrende Funktion der Literatur in Betracht. Beides zusammen kulminiert in der gegen das reine Nützlichkeitsgebot der alten römischen Dichtung gerichteten und das neuzeitliche Literaturverständnis nachhaltig beeinflussenden Forderung, dass das poetische Werk zugleich schön und gewinnend sein müsse (V. 99f.) – oder wie es an anderer Stelle mit den berühmtesten Worten der Poetik heißt: „Entweder nützen oder erfreuen wollen die Dichter oder zugleich, was erfreut und was nützlich fürs Leben ist, sagen.“ (Horaz 1984, 25; V. 333f.: „aut prodesse volunt aut delectare poetae / aut simul et iucunda et idonea dicere vitae.“). Die bereits die griechischen Sophisten beschäftigende Frage nach dem Nutzen der Dichtung erhält mit der Forderung von Horaz eine die Dichtungstheorie und -praxis lange Zeit prägende Antwort von kanonischem Rang. Erst Ende des 18. Jahrhunderts setzt ernsthaft die Abkehr von diesem Dichtungsverständnis ein, ohne dass freilich damit ein radikaler Paradigmawechsel vollzogen wird. Denn nicht einmal Bertolt Brechts Konzeption des epischen Theaters kommt ohne die Vorstellung von der zugleich erzieherischen und unterhaltenden Funktion der Literatur aus.

2. Auslegung und Normierung
Die frühneuzeitliche Rezeption der antiken Dramentheorie

Hatte die *Ars Poetica* in der Frührenaissance dazu beigetragen, das Bedürfnis nach einer „Normierung des literarischen Schaffens" (Buck 1952, 144) zu fördern, so war sie indirekt auch an der präskriptiven Auslegung der aristotelischen *Poetik* beteiligt. Nachdem um 1500 mit der Veröffentlichung des griechischen Urtextes und seiner lateinischen Übersetzung die textliche Grundlage gelegt worden war, setzte eine intensive Auslegungsdebatte ein (vgl. Plett 1994, 10; Hardt 1996, 344f.), in der Lodovico Castelvetro mit seinem Aristoteles-Kommentar *Poetica d'Aristotele Vulgarizzata et Sposta* (1570) die weit über seine Zeit hinausstrahlende Deutungshoheit gewann. Die von der französischen Klassik zur bindenden Norm erhobene Lehre von den drei Einheiten etwa, die irrtümlicherweise immer wieder mit Aristoteles in Verbindung gebracht wird (obwohl von der Einheit des Ortes bei ihm an keiner Stelle die Rede ist und das Zeitkontinuum nur annäherungsweise behandelt wird), geht auf eine entsprechende Forderung des italienischen Philologen zurück. Wenn insgesamt die italienischen Renaissancepoetiken bis ins 18. Jahrhundert hinein der „mehr oder weniger sichtbare Hintergrund für alles" bleiben, „was in Europa als Poetik auftritt" (Schillemeit 1965, 439), kommt in dieser Hinsicht den *Poetices libri septem* (1561 posthum) von Julius Caesar Scaliger eine besondere Bedeutung zu. Sie gelten als das Standardwerk der humanistischen Poetik und wurden zur wichtigsten Quelle gerade für den französischen und deutschen Klassizismus.

Der durch die lateinische Rhetorik gefilterte Aristotelismus Scaligers erweist sich jedoch durchaus als kritisch und lässt auch Abweichungen von dem geschätzten Lehrmeister zu. Anders als Aristoteles begreift er Mimesis nicht nur als *imitatio naturae*, sondern auch als Nachahmung vorbildlicher antiker Autoren (vgl. G. E. Grimm 1983, 88), wobei er in der schon seinerzeit zur Tradition gewordenen Abwägung zwischen Homer und Vergil eindeutig die Partei des römischen Dichters ergreift. Darin spiegelt sich, wenn sich darüber auch unmittelbar kein ursächlicher Zusammenhang herstellen lässt, eine veränderte Gattungspräferenz wider. Denn dem Epos und nicht der Tragödie sollte aus seiner Sicht der Vorrang gebühren. Die Begründung, dass mit dem Epos vollkommene Helden dargestellt werden könnten, zeugt wiederum von einer modifizierten Gewichtung des Charakters, dem Scaliger im Unterschied zu Aristoteles die Handlung unterordnete. Die Kriterien des Stils und des Ausgangs blieben demgegenüber unangetastet, sie wurden aber eng mit dem Standeskriterium verknüpft. „Die Tragödie handle von Herrschern und anderen Mächtigen, habe einen schrecklichen Ausgang, sei in einem hohen Stil verfasst und erzeuge schließlich Furcht, während die Komödie für die Kurzweil zuständig sei und einen volkstümlich-niederen Stil pflege“ (Jung 1997, 49).

Die Ständeklausel, rudimentär bereits in der aristotelischen *Poetik* angelegt, wird in der Nachfolge des römischen Grammatikers Diomedes (vgl. Asmuth 2004, 25) seit der Renaissance zur grundlegenden Kategorie der Unterscheidung zwischen Tragödie und Komödie entwickelt. Mit unterschiedlichen Schwerpunktsetzungen leitete man aus dem sozialen Rang der agierenden Personen die für beide dramatischen Gattungen spezifischen Konstitutionsmerkmale nunmehr systematisch geordnet ab. Einig war man sich darin, dass die für die tragische Katastrophe gewünschte Fallhöhe einen Helden von hoher Abkunft zur Voraussetzung haben müsse. Während bei Aristoteles die Figurenbestimmung eher noch moralisch konnotiert war (vgl. Martino 1972, 365), erfährt sie in der Dichtungslehre des 16. und 17. Jahrhunderts eine nicht zuletzt durch den feudalen Ständestaat geprägte sozialhierarchische Umdeutung. Dieser Zusammenhang zeigt sich unter anderem in der Doctrine classique, die nicht nur die Grundlagen des Dramas der französischen Klassik beinhaltet, sondern von Anfang an auch die Bildung eines schließlich in der Comédie française (1680) verwirklichten und von den politischen Institutionen protegierten Nationaltheaters reflexiv begleitet.

Die Doctrine classique wird im Wesentlichen durch die Dramen- und Dichtungslehren von François Hédelin, abbé d'Aubignac (*La Pratique du Théâtre* 1657), Nicolas Boileau-Despréaux (*L'Art poétique* 1674) und – mit Einschränkungen – von Pierre Corneille (*Trois discours sur le Poème dramatique* 1660) theoretisch fundiert. Als Leitbild bleibt für sie die antike Tradition durchweg bestimmend, mit der Akzentuierung freilich, dass die Vernunft – und nach Boileau auch der gute bzw. treffsichere Geschmack (bon goût) – den Maßstab für alle Fragen der Dichtung bilden soll. „Die Vernunft wird zum Prinzip der Regeln, zur Kontrollinstanz der Phantasie und zur literarkritischen Kategorie: *raison, jugement, bon sens* sind die dominierenden Begriffe. Einheit und Strukturierung der Handlung, Vorschrift der drei Einheiten insgesamt sind etwa für die Tragödie Regelvorschrift.“ (Wiegmann 2002, 1518f.) Die Regelsetzung durfte nicht aus reinem Selbstzweck erfolgen, sondern musste mit den Geboten der Wahrscheinlichkeit (*vraisemblance*) und Angemessenheit (*bienséance*) in Einklang stehen. Was wahrscheinlich und angemessen war, richtete sich nach der *raison* und dem *bon sens* und diese wiederum nach den Verhaltensformen, die dem hohen Stand als Richtschnur für das schickliche Betragen zugesprochen wurden. Damit war die Regelhaftigkeit (vordergründig) von dem Verdacht der Willkür befreit und in den übergeordneten Zusammenhang von Mensch, Natur und Gesellschaft gestellt – ein Zusammenhang, mit dem sich letztendlich auch der Gedanke des Ständischen legitimieren ließ.

Nach Regeln vorzugehen, war eine Handlungsmaxime, von der sich die deutsche Dichtungstheorie ebenfalls leiten ließ. Allerdings stand dieses Vorgehen nicht im Dienst der dichterischen (*creatio*), sondern der rhetorischen (*inventio*) Erfindung. Während man in Frankreich zumindest ansatzweise die Autoritäten, auf die man sich berief, aus der von der Renaissancepoetik gestifteten Verbindung mit der Rhetorik löste, wirkte sie in Deutschland ungemindert fort. Die Gründe dafür sind hier im Einzelnen nicht zu benennen, sie stehen allerdings in dem übergeordneten sozialgeschichtlichen Folgezusammenhang von Reformation und Gegenreformation, auf den im Wesentlichen das für die deutsche Barockliteratur ebenso charakteristische wie „paradoxe Zugleich von Neubeginn und Spätzeit" (Hillen 1987, 328) zurückzuführen ist. Als Martin Opitz sich mit seinem *Buch von der Deutschen Poeterey* (1624) anschickte, eine mit anderen Nationalliteraturen konkurrenzfähige Kunstdichtung in deutscher Sprache zu etablieren, geschah dies jedenfalls im Horizont eines „humanistisch-rhetorischen Gelehrsamkeitsparadigmas" (G. E. Grimm 1983, 118), das für das anvisierte Ziel, die lateinische Poesie in deutscher Sprache fortzusetzen, richtungsweisend war. Wie selbstverständlich baute Opitz seine für die Literatur des 17. Jahrhunderts maßgebliche Dichtungslehre nach den Regeln der Verfertigung einer Rede auf, und nicht von ungefähr nimmt die Kategorie der Angemessenheit in ihr eine zentrale Position ein.

Unter Berufung auf die horazische Aptum-Lehre bildete der Leitbegriff der Angemessenheit (vgl. Hinrichs 1999, 217) den Gradmesser, an dem sich bei Opitz und in seiner Folge auch bei anderen Theoretikern des Barock die Beziehung zwischen Gattung, Stand und Stilhöhe ausrichtete. Das Hauptinteresse galt der ständischen Unterscheidung zwischen Tragödie und Komödie sowie dem damit verbundenen Stoffkriterium (vgl. Alexander 1984, 59). Insofern dramaturgisch die Schilderung einer ständisch geordneten und heilsgeschichtlich determinierten Welt angestrebt werden sollte, wurde auf der strikten Trennung der Gattungen beharrt und jede Vermischung von Stand und Stoff abgelehnt. So heißt es im 5. Kapitel der opitzschen *Poeterey*:

> Die Tragedie ist an der maiestet dem Heroischen getichte gemeße / ohne das sie selten leidet / das man geringen standes personen vnd schlechte sachen einfuehre: weil sie nur von Koeniglichem willen / Todtschlaegen / verzweiffelungen / Kinder- vnd Vaetermoerden / brande / blutschanden / kriege vnd auffruhr / klagen / heulen / seuffzen vnd dergleichen handelt. [...]
> Die Comedie bestehet in schlechtem wesen vnd personen: redet von hochzeiten / gastgeboten / spielen / betrug vnd schalckheit der knechte / ruhmraetigen Landtsknechten / buhlersachen / leichtfertigkeit der jugend / geitze des alters / kupplerey vnd solchen sachen / die taeglich vnter gemeinen Leuten vorlauffen. Haben derowegen die / welche heutiges tages Comedien geschrieben / weit geirret / die Keyser vnd Potentaten eingefuehret; weil den regeln der Comedien schnurstracks zuewieder laufft. (Opitz 1970, 27f.)

Der tragische Gräuelkatalog, den die *Poeterey* verzeichnet, setzt sich aus entsprechenden Äußerungen der Poetik Scaligers zusammen. Mag es sich dabei auch um eine „abstruse Sammlung von Inhalten antiker Tragödien" handeln (Fischer 1968, S. 52), so ist damit doch eine stoffliche Ausrichtung vorgegeben, die bestimmend für das barocke Trauerspiel war. Es wurde sogar erwogen, um die Authentizität des Gespielten zu verstärken, einen antiken Brauch aufleben zu lassen und auf der Bühne echte Hinrichtungsszenen mit abgeurteilten Verbrechern zu veranstalten (vgl. Schings 1971, 28f.). Solche auf Gräuel ausgerichteten Themenstellungen weichen indes grundlegend von den Vorstellungen der klassizistischen Dramaturgie ab. Horaz hielt die grausame Handlung, die auf offener Bühne dargestellt wird, für verabscheuenswürdig und empfahl daher deren Verbannung in den hinterszenischen Raum (vgl. Horaz 1984, V. 179ff.). Und Aristoteles sah in ihr gar eine der Tragödie nicht mehr angemessene Form des szenischen Spiels: Wer mit Hilfe „der Inszenierung nicht das Schauderhafte, sondern nur noch das Grauenvolle" herbeizuführen suche, der entferne „sich gänzlich von der Tragödie." (Aristoteles 1982, 43) Wir haben es hier jedoch und vor allem in Hinsicht der aristotelischen Dramentheorie nicht mit einer vereinzelten, sondern mit einer für das Barockdrama durchaus charakteristischen Abweichung von seiner *Poetik* zu tun. Schon Walter Benjamin schloss im *Ursprung des deutschen*

Trauerspiels (1928) aus der Tatsache, dass es keine Periode in der Geschichte des deutschen Dramas gebe, „in der die Stoffe der antiken Tragiker einflußloser gewesen wären" (Benjamin 1978, 42) als im Barock, auf die fehlende Nachhaltigkeit der in Italien und Frankreich gleichermaßen wirkungsmächtigen Dichtungslehre. Hans-Jürgen Schings hat in seiner wegweisenden und für das Verständnis der Theorie des barocken Trauerspiels nach wie vor unverzichtbaren Arbeit *Consolatio Tragoediae* die Behauptung Benjamins dahingehend erweitert, dass er in der Abweichung von Aristoteles das leitende heuristische Prinzip des Barockdramas erkannte. „Es gibt", so Schings, „ganz bestimmte Einbruchstellen, wo, als Interpretamente getarnt, Begriffe und Konzeptionen mit völlig unaristotelischer Konterbande eindringen." (Schings 1971, 4) Neben Stoffwahl und Handlung sind davon insbesondere die Konzeption der Katharsis und der Zuschnitt des Helden betroffen.

Unter den Poetikern des Barock findet die aristotelische Wirkungslehre eine signifikante Umdeutung ins Moralische. Mit der Katharsis ist nunmehr das Ziel der Affektdämpfung durch die Präsentation einleuchtender Exempel schwerer Unglücksfälle verbunden, getreu dem Motto, dass man sich gegen die Wendungen und Windungen Fortunas (den sich wandelnden Glücksfällen) affektisch sichert, indem man einerseits die Standhaftigkeit der unter ihr Leidenden bewundert, andererseits durch das häufige Betrachten ihres Wirkens sich „an Katastrophen gewöhnt." (Schings 1971, 19) Die Katharsis fungiert dergestalt als Tröstung oder *consolatio* angesichts der Unbilden des Lebens, Emotionen sollen in stoisch gefärbte Tugenden verwandelt werden, sodass der Mensch sich auf die bevorstehenden Schicksalsschläge einzustellen und ihnen mit Gelassenheit zu begegnen vermag. Die Figuren, die dieses auf der Bühne vorexerzieren, haben dementsprechend Musterbeispiele der Beständigkeit zu sein, exemplarische Figuren, die, wie die Praxis zeigt, ohne Entwicklung immer wieder dieselbe Handlung demonstrieren. Weit davon entfernt, Individuen im modernen psychologischen Sinn vorzustellen, sieht man in ihnen Sprachrohre der ewigen sittlichen Ordnung und als solche typenhafte Repräsentanten des menschlichen Daseins insgesamt. Tragikfähig und vorbildlich kann nach damaliger Vorstellung dabei nur sein, wer gesellschaftlich einen hohen Rang einnimmt. „Je höher der Gipfel, so lautet das tragische Prinzip des Falls, je höher der Status der Person, desto eindrucksvoller der Sturz" (Schings 1971, 30) und desto nachdrücklicher das Beispiel, das der Held aufgrund seiner Beständigkeit gibt. Während Aristoteles sich strikt dagegen aussprach, „makellose Männer einen Umschlag vom Glück ins Unglück" erleben zu lassen, weil dieses „weder schaudererregend noch jammervoll, sondern abscheulich“ (Aristoteles 1982, 39) sei, präsentiert das barocke Märtyrerdrama Heldinnen oder Helden ohne Fehl und Tadel. Erst Gottsched und dann vor allem Lessing machten den gemischten Charakter aristotelischer Prägung, der durch einen habituellen Fehler bzw. eine moralische Schwäche (hamartía) Mitschuld an seinem Unglück trägt, in Theorie und Praxis wieder stark.

3. Zwischen Wirkungspoetik und Produktionsästhetik
Theorien des Dramas im 18. Jahrhundert

Die deutsche Literatur des Barock leistete in Theorie und Praxis in vielerlei Hinsicht Pionierarbeit. Es wäre daher prinzipiell verfehlt, die Dramentheorie dieser Epoche an ihren Nachfolgern zu messen. Erst einmal ging es darum, den Anschluss an die europäischen Literaturen herzustellen, sodass verständlich wird, warum man im 17. Jahrhundert summa summarum nur auf „dürre Bestimmungen" (Profitlich 1999, 25) zum Drama stößt. Im 18. Jahrhundert sollte sich das allerdings grundlegend ändern. Überhaupt ist die Zeit zwischen Johann Christoph Gottscheds *Versuch einer Critischen Dichtkunst* (1730) und den ästhetischen Reflexionen Friedrich Schlegels und Novalis' um 1800 in poetologischer Hinsicht fruchtbar wie keine mehr nach ihr (vgl. Wiegmann 2002, 1522). Dass in dieser Epoche das Drama zur mutationsfähigsten dichterischen Form (vgl. Koopmann 1979, 28) avancierte, hat gerade auch mit der sich entwickelnden Eigenständigkeit ihrer theoretischen Durchdringung zu tun. Den Auftakt dazu bildet die in ihrer Bedeutung bis heute noch vielfach unterschätzte Dichtungspoetik Johann Christoph Gottscheds. Denn sein Ziel war es nicht nur, die Literatur als Vermittlerin aufklärerischer Lehr- und Vernunftsätze zu etablieren und sie auf diese Weise mit der Philosophie zu versöhnen, er wollte auch zur Hebung des von ihm als gering eingeschätzten Niveaus der deutschen Sprache und Literatur beitragen. Gottscheds Sorge galt insbesondere dem deutschen Drama, das in seiner damaligen Tendenz, Handlungselemente der barocken Haupt- und Staatsaktion mit komischen Einlagen aus der Commedia dell'Arte zu vermischen, seine entschiedene Kritik hervorrief: „Allein, ich ward auch die große Verwirrung bald gewahr, darin diese Schaubühne steckte. Lauter schwülstige und mit Harlekins Lustbarkeiten untermengte Haupt- und Staatsaktionen, lauter unnatürliche Romanstreiche und Liebesverwirrungen, lauter pöbelhafte Fratzen und Zoten waren dasjenige, so man daselbst zu sehen bekam" (*Vorrede* zum *Sterbenden Cato,* Gottsched 2002, 7).

Gottscheds Theaterreform, die um 1730 ins Rollen kam, setzte in den Bemühungen um eine neue, nützliche und unterhaltsame Theaterkultur den Hebel daher konkret an zwei aus seiner Sicht grundlegenden Problemen an: zum einen an der Bühnenpraxis, mit deren Neuausrichtung vor allem die wirkungsbezogene Improvisationskunst der Wanderbühne zurückgedrängt werden sollte – gegenüber der bloßen Zurschaustellung galt es, dem Text (wieder) zu seinem Recht zu verhelfen –; zum anderen an der formalen Ausrichtung des Dramas selbst, dessen anarchische Regellosigkeit der vorgängigen Dekaden in klassizistische Formstrenge überführt werden sollte. An die Stelle der Repertoirevielfalt der Wanderbühnen wollte Gottsched eine regelmäßige Dramatik möglichst deutscher Originalstücke setzen, ein Unternehmen, das in der 1741-45 veröffentlichten *Deutschen Bühne nach den Regeln und Exempeln der Alten* (6 Bde.) seinen entsprechenden Ausdruck fand. Die *Deutsche Schaubühne* stellte gewissermaßen den Abschluss seiner Reformbemühungen und ein Vermächtnis dar, insofern nämlich der zukünftigen Entwicklung des deutschen Dramas damit die Richtung vorgegeben sein sollte.

Nach den *Regeln und Exempeln der Alten*: So könnte auch das Programm der Dramentheorie lauten, die Gottsched in seiner *Critischen Dichtkunst* entfaltete. In concreto orientierte sich Gottscheds Dichtungslehre an der Poetik und der dichterischen Praxis des französischen Klassizismus, in der er die antiken Lehren am vorbildlichsten verwirklicht sah, wobei er sie unter ausdrücklicher Bezugnahme auf die aristotelische Wirkungsbestimmung mit Elementen der barocken Gattungsdoktrin verknüpfte:

> Ein Trauerspiel [...] ist ein lehrreiches moralisches Gedichte, darin eine wichtige Handlung vornehmer Personen auf der Schaubühne nachgeahmet und vorgestellet wird. Es ist eine allegorische Fabel, die eine Hauptlehre zur Absicht hat und die stärksten Leidenschaften ihrer Zuhörer, als Verwunderung, Mitleiden und Schrecken, zu dem Ende erreget, damit sie dieselben in ihre gehörige Schranken bringen möge. Die Tragödie ist also ein Bild der Unglücksfälle, die den Großen dieser Welt begegnen und von ihnen entweder heldenmütig und standhaft ertragen oder großmütig überwunden werden. Sie ist eine Schule der Geduld und Weisheit, eine Vorbereitung zu Trübsalen, eine Aufmunterung zur Tugend, eine Züchtigung der Laster. (Gottsched 1972, 5)

Mit der Vorstellung vom Drama als Nachahmung einer Handlung steht Gottsched in der aristotelischen Tradition der Mimesis, deren Deutung als *imitatio naturae* gerade im 18. Jahrhundert zentral wird. Damit ist keine naturalistische Imitation der empirischen Wirklichkeit gemeint; anvisiert wird nicht das, wie es bei Aristoteles heißt, „was wirklich geschehen ist, sondern vielmehr, was geschehen könnte, d.h. das nach den Regeln der Wahrscheinlichkeit oder Notwendigkeit Mögliche." (Aristoteles 1982, 29) Gottsched will daher Dichtung auf „Ähnlichkeit [...] mit dem, was wirklich zu geschehen pflegt", verpflichten; sie hat ein Allgemeines vorzustellen, wodurch auf der Basis vernünftiger Urteilsbildung die Anpassung der poetischen Phantasie an die Wirklichkeit, die „Übereinstimmung der Fabel mit der Natur" (Gottsched 1972, 129) erreicht werden soll. Von diesem Standpunkt aus, der die Annäherung des Theaters an das wirkliche Leben impliziert, wird Lessing späterhin die ständische Exempelfigur nach Art des Märtyrerdramas verwerfen, weil sie mit der menschlichen Problematik nicht (mehr) zu verrechnen sei.

Es ist der synthetischen Bestimmung des Trauerspiels zuzuschreiben, dass Gottsched diesen Schritt noch nicht vollzieht und – als Frühaufklärer noch schwellenzeitlich geprägt – wohl auch noch nicht vollziehen kann. So hält er an der Ständeklausel fest – der Held eines Trauerspiels muss eine gesellschaftlich und sittlich hoch stehende Person sein –, ebenso an der Vorstellung von der Fallhöhe als Voraussetzung moraldidaktischer Wirkung des Theaters. Der Zuschauer soll sich nicht, wie später bei Lessing, in den Helden einfühlen, sondern an beispielhaften Figuren zur Standhaftigkeit und moralischen Integrität erzogen werden. Entsprechendes gilt für den Wirkungsbegriff selbst: Gottsched orientiert sich zwar an der aristotelischen ‚éleos'-‚phóbos'-Lehre, ergänzt sie aber durch die auf Corneille zurückgehende, freilich auch schon in der barocken Poetik fundierte Kategorie der Bewunderung und bringt so stoizistische Züge im Sinne des barocken constantia-Modells („Schule der Geduld") mit der aufklärerisch-didaktischen Konzeption, die der Handlung eingeschrieben ist, zusammen.

Nichtsdestoweniger war die Moraldidaxe der Angelpunkt der Dramentheorie Gottscheds. Auch die Komödie bildete in dieser Hinsicht keine Ausnahme, ja indem er ihr eine zentrale Position im didaktischen Konzept der literarischen Moralerziehung zuwies und von einer mit der Tragödie vergleichbaren Zielvorstellung ausging (vgl. Alt 2001, 224), trug er nicht unwesentlich zu ihrer Aufwertung bei. „Die Komödie ist nichts anders als eine Nachahmung einer lasterhaften Handlung, die durch ihr lächerliches Wesen den Zuschauer belustigen, aber auch zugleich erbauen kann." (Gottsched 1972, 186) Der Zweck der Erbauung soll auf dem Wege des Verlachens erreicht werden. Verlacht werden diejenigen, die durch ihre unvernünftige und lasterhafte Handlung von der Norm abweichen. Indem die devianten Verhaltensweisen, dargestellt durch Typenfiguren wie dem Geizigen, Hypochonder oder Habgierigen, der Schadenfreude und dem Spott der Zuschauer preisgegeben werden, sollen über den durch das Lachen beförderten kontemplativen Effekt die Antriebskräfte zur Aneignung eines bestimmten sozialen und vernunftgemäßen Handelns mobilisiert werden. Dabei folgt auch die Komödie (als Verlachkomödie) im Wesentlichen dem klassizistischen Formprinzip, das heißt, die Einheit von Handlung, Ort und Zeit ist für sie ebenso konstitutiv wie die Ständeklausel, und zwar aus Gründen, die sich, wenn man einmal von der traditionellen Anlehnung an die rhetorische Dreistillehre (*genera dicendi*: *genus subtile* bzw. *humile*, *genus medium*, *genus grande*) absieht, vor allem aus sozialen Rücksichtnahmen herleiten: „Die Personen, so zur Komödie gehören, sind ordentliche Bürger oder doch Leute von mäßigem Stande. Nicht als wenn die Großen dieser Welt etwa keine Torheiten zu begehen pflegten, die lächerlich wären: Nein, sondern weil es wider die Ehrerbietung läuft, die man ihnen schuldig ist, sie als auslachenswürdig vorzustellen." (Gottsched 1972, S. 189) Hier zeigt sich noch, wie sehr in Gottscheds Reformbemühungen das ständische Bewusstsein seiner Zeit hineinwirkte.

Angesichts der Dominanz, die das klassizistische Drama gottschedscher Prägung in der deutschen Dramenlandschaft der 1740er und 1750er Jahre ausübte, überrascht es nicht, dass sich in seinem Schatten neue ästhetische Bewertungskategorien entwickelten, unter deren Einfluss man zu seinem Werk eine zunehmend kritischere Distanz bezog. Allen voran ist in diesem Zusammenhang Johann Elias Schlegel zu nennen, der als Schüler Gottscheds, bei dem er zwischen 1739 und 1742 Jura studierte, eine Zeitlang der Theaterreformbewegung seines Mentors nahestand: Seine Trauerspiele *Dido* (1739) und *Herrmann* (1741) sowie das Lustspiel *Der geschäfftige Müßiggänger* (1741) erschienen in der *Deutschen Schaubühne*, und einige gewichtige Aufsätze wurden in Zeitschriften Gottscheds abgedruckt. Im Übergang von Gottsched zu Lessing ist Schlegels Dramentheorie in zweierlei Hinsicht von Interesse. Zum einem steht er mit seiner Abhandlung *Vergleichung Shakespears und Andreas Gryphs* (1741) am Anfang der deutschen Shakespeare-Rezeption, zum anderen hebt er, im Gegensatz zum traditionellen Dramenverständnis, die Bedeutung des Charakters für die Tragödie hervor.

Die durch die Shakespeare-Lektüre beförderte Bereitschaft, der Originalität der Literatur und damit auch der Individualität des Künstlers ein größeres Gewicht einzuräumen, korrespondiert bei Schlegel mit der Akzentuierung des Charakters im Gestaltungsgefüge des Dramas. Er partizipiert damit an der alten Streitfrage, ob der Handlung oder dem Charakter im Drama der Vorrang gebühre. Vor dem Hintergrund der Tatsache, dass das aristotelische Prinzip der Zweitrangigkeit des Charakters in der Aufklärung zunächst unangetastet blieb (vgl. Asmuth 2004, 136), sind die Akzentverschiebungen, die Schlegel in dieser Hinsicht vornimmt, gerade auch mit Blick auf die Bedeutung des Charakters bei Lessing und im Drama des ‚Sturm und Drang' um so bemerkenswerter. Die theoretische Grundlegung dazu erfolgt in der 1747 entstandenen Abhandlung *Gedanken zur Aufnahme des dänischen Theaters.* „Ein Stück ohne Charakter", heißt es dort, „ist ein Stück ohne alle Wahrscheinlichkeit, weil die Ursache, warum ein Mensch so oder so handelt, eben in seinem Charakter liegt. Wo demnach dieser nicht festgesetzet ist, geschehen die Handlungen ohne Ursache und sind also nicht wahrscheinlich. Bei den *Pièces de caractère* hingegen wähle ich zuerst den Charakter, den ich ausführen will, und ich sinne hernach auf eine Reihe von Begebenheiten, die diesen Charakter mehr ins Licht setzen." (J. E. Schlegel 1967, 98) Schlegels Äußerungen stellen in dieser Form nicht nur eine Abkehr vom aristotelischen Handlungsprimat dar, sie sind auch ein Affront gegen die Anweisungspoetik Gottscheds. Denn anstelle des Lehrsatzes avanciert bei Schlegel der Charakter zum Ausgangspunkt und Kernstück der dramatischen Konstruktion. Damit geht zwar nicht die Preisgabe der didaktischen Wirkungsabsicht einher, sie ist aber nicht mehr primär. Zweck des Theaters ist vielmehr, dem Zuschauer Vergnügen zu bereiten, „den Verstand des Menschen auf eine vernünftige Art zu ergetzen". Lehren könne das Theater durchaus, wer jedoch mit dem Drama das Ziel verfolge – und hier wendet sich Schlegel eindeutig gegen Gottsched, ohne ihn zu nennen – „eine einzige, bekannte, seichte und oft sehr unbestimmte Sittenlehre zu sagen", der könne dies ebenso gut mit der „Komödie eines Seiltänzers" erreichen (J. E. Schlegel 1967, 86).

Hinter der Bedeutung, die Schlegel der Psychologie des Charakters beimaß, standen die tragische Affektenlehre und das Problem der Katharsis allerdings bei Weitem zurück. Sie spielten in Theorie und Praxis so gut wie keine Rolle. Ihre Vernachlässigung trug ihm mit Blick auf sein Trauerspiel *Canut* (1746) den Vorwurf ein, dass sich der Protagonist des Stücks unter wirkungsästhetischer Perspektive nicht zum tragischen Charakter eigne. Aus der Sicht Gotthold Ephraim Lessings jedenfalls fehlte dem Stück etwas Entscheidendes, um als ein Trauerspiel, wie er es verstand und in Form der *Miss Sara Sampson* (1755) bereits vorgelegt hatte, vor ihm bestehen zu können: „Das Trauerspiel soll so viel Mitleid erwecken, als es nur immer kann; folglich müssen alle Personen, die man unglücklich werden läßt, gute Eigenschaften haben, folglich muß die beste Person auch die unglücklichste sein, und Verdienst und Unglück in beständigem Verhältnisse bleiben. Das ist, der

Dichter muß keinen von allem Guten entblößten Bösewicht aufführen. Der Held oder die beste Person muß nicht, gleich einem Gotte, seine Tugenden ruhig und ungekränkt übersehen. Ein Fehler des Canuts, zu dessen Bemerkung Sie auf einem andern Weg gelanget sind." (Lessing 1985ff., III 672) Friedrich Nicolai, dem diese Worte galten, hatte als Fehler *Canuts* geltend gemacht, dass die Hauptfigur zwar ein guter König sei, der Bewunderung verdiene, dass er sich aber zu einer tragischen Figur mangels eines Fehlers ganz und gar nicht eigne. Damit ein Trauerspiel sein Ziel erreiche, nämlich Leidenschaften beim Zuschauer zu erregen und nicht Leidenschaften zu reinigen, müsse der tragische Charakter entweder ein tugendhafter Mann sein, der durch einen Fehler unglücklich werde, oder ein Bösewicht, „der auch unglücklich wird, aber der durch ein falsches System von Sittenlehre uns gewisser Maßen für sich einnimmt" (Lessing 1985ff., III 666). Nicolais Brief vom 31. August 1756 fasste noch einmal zusammen, was die Hauptthese seiner zu dieser Zeit im Druck befindlichen *Abhandlung über das Trauerspiel* (1757) war. Sie bildete gleichsam den Anlass zu einer ausgiebigen, vor allem der Wirkungsbestimmung des Trauerspiels gewidmeten Korrespondenz, an der in ihrem weiteren Verlauf auch der Berliner Philosoph Moses Mendelssohn partizipierte und die in der Literaturgeschichte schließlich als *Briefwechsel über das Trauerspiel* (1756/57) bekannt geworden ist.

Durch Nicolai wurde das Trauerspiel erstmals in Deutschland sensualistisch gedeutet: Ihr wesentlicher Zweck sei es, Leidenschaften zu erregen. Das bedeutete nicht nur eine Abkehr von der Lehrmeinung Gottscheds, sondern auch von der aristotelischen Tragödiendefinition, nach der, in der seinerzeitigen Übersetzung von Michael Conrad Curtius, die Tragödie „uns, vermittelst des Schreckens und Mitleids, von den Fehlern der vorgestellten Leidenschaften" (zit. nach Alt 1994, 24) reinigen sollte. Lessing war jedoch nicht bereit, den Gedanken an der Besserungswirkung des Trauerspiels preiszugeben. Er übernahm die sensualistisch geprägte Gattungsdefinition Nicolais, ergänzte sie aber durch eine moraldidaktische Komponente, nach der das „Trauerspiel durch Erzeugung der Leidenschaften bessern" solle. Auch was die Stellung und Bewertung der Leidenschaften anbelangt, gingen die Meinungen unter den Gesprächspartnern durchaus auseinander. Während Nicolai und Mendelssohn Schrecken, Bewunderung und Mitleid gleichberechtigt nebeneinanderstellten, stand für Lessing von Anfang an das Mitleid im Zentrum seiner Katharsisvorstellung: Das Trauerspiel „soll unsre Fähigkeit, Mitleid zu fühlen, erweitern. Sie soll uns nicht bloß lehren, gegen diesen oder jenen Unglücklichen Mitleid zu fühlen, sondern sie soll uns so weit fühlbar machen, daß uns der Unglückliche zu allen Zeiten, und unter allen Gestalten, rühren und für sich einnehmen muß. [...] Der mitleidigste Mensch ist der beste Mensch, zu allen gesellschaftlichen Tugenden, zu allen Arten der Großmut der aufgelegteste. Wer uns also mitleidig macht, macht uns besser und tugendhafter, und das Trauerspiel, das jenes tut, tut auch dieses, oder – es tut jenes, um dieses tun zu können." (Lessing 1985ff., III 669 u. 671; Brief von November 1756)

Lessing begriff das Mitleid nicht mehr nur affektiv, sondern auch moralisch. Damit wurde es ihm möglich, der gattungspoetischen Bestimmung Nicolais zu folgen, ohne von der seit Gottsched vertrauten moralischen Begründung der Tragödienwirkung Abschied nehmen zu müssen. Im Gegensatz zu Gottsched aber verstand Lessing die Absicht der Tragödie gattungsspezifisch. „Bessern sollen uns alle Gattungen der Poesie", heißt es im 77. Stück der *Hamburgischen Dramaturgie* (1767-69). „Aber alle Gattungen können nicht alles bessern; wenigstens nicht jedes so vollkommen, wie das andere; was aber jede am vollkommensten bessern kann, worin es ihr keine andere Gattung gleich zu tun vermag, das allein ist ihre eigentliche Bestimmung." (Lessing 1985ff., VI 570) Weder kann die Tragödie alle dargestellten Leidenschaften bessern, noch geht sie in einer reinen Vermittlungsfunktion nach Art der Fabel auf, indem sie im Sinne Gottscheds seinen moralischen Lehrsatz sinnlich einprägt. Das Theater sollte keine Tugendschule werden, sondern ein Ort, der dazu dient, über die Erregung von Leidenschaften die individuelle Sensibilität und Empathie zu aktivieren. Aus der Nachhaltigkeit, die durch das Mitleiden im Zuschauer befördert werden sollte, erklärt sich schließlich, warum Lessing schon in dem *Briefwechsel*, dann aber vor allem in der *Hamburgischen Dramaturgie* dazu überging, das aristotelische ‚phóbos' nicht mehr wie seinerzeit üblich mit ‚Schrecken', sondern mit ‚Furcht' zu übersetzen. Nach seiner Neudefinition kann Furcht im Gegensatz zum Schrecken, der eine überraschende Furcht sei und uns bei der plötzlichen Erblickung eines Leidens befalle, nur in Verbindung mit dem Mitleid entstehen. Dabei ist die Furcht nicht so sehr ein Affekt, der sich auf die Helden bezieht, er wird vielmehr im Zuschauer selbst wach und steigert so das Mitleid: „[E]s ist die Furcht, welche aus unserer Ähnlichkeit mit der leidenden Person für uns selbst entspringt; es ist die Furcht, daß die Unglücksfälle, die wir über diese verhänget sehen, uns selbst treffen können; es ist die Furcht, daß wir der bemitleidete Gegenstand selbst werden können. Mit einem Wort: diese Furcht ist das auf uns selbst bezogene Mitleid." (Lessing 1985ff., VI 556f.)

Lessings psychologisch fundierte Wirkungspoetik, der Kern seiner Theorie des bürgerlichen Trauerspiels, hatte einschneidende Veränderungen für die bislang gewohnte Konstitution des Dramas zur Konsequenz. Sie betrafen zunächst und vor allem die Ständeklausel, zum anderen, und damit aufs Engste verknüpft, die Bestimmung des Trauerspielpersonals und des Sujets insgesamt. Denn sollte die Wirkung, die er dem Trauerspiel zugrunde legte, in der beschriebenen Form eintreten, konnte sich dies nur auf der Basis der Identifikation mit dem Schicksal der Figuren vollziehen. Das Ziel des Trauerspiels war aus der Sicht Lessings daher nur zu erreichen, wenn die auf der Bühne vorgestellten Charaktere „mit uns von gleichem Schrot und Korne“ (Lessing 1985ff., VI 559) sind. Das Heroenideal der klassizistischen Tragödie war für ihn ebenso wenig brauchbar wie der Tugendrigorismus des barocken Trauerspiels. Sie riefen bei dem bürgerlichen Zuschauer, an dem Lessing seine Vorstellungen ausrichtete, vielleicht Bewunderung hervor, sie stifteten jedoch keine Identifikation, noch lösten sie Vorgänge aus, die die gewünschte Gemütsbewegung herbeiführen würden. An die Stelle einer Figurengestaltung, die auf einer hierarchisch strukturierten und von heroischen Verhaltensweisen bestimmten Ordnung beruht, setzte Lessing ein von gesellschaftlich-sozialen Merkmalen unabhängiges Menschenbild, dem die Vorstellung einer allen Menschen gemeinsamen Grundsubstanz eingeschrieben ist. Die Charaktere dürften daher, sofern das Drama möglichst auf ein Allgemeines auszugehen habe, weder gut noch böse sein, sondern müssten beide Seiten in sich vereinigen. Damit knüpfte er, wie schon vor ihm Gottsched, an die aristotelische Forderung des gemischten Charakters an.

Lessings Auslegung der Katharsislehre ist durchaus symptomatisch. Sie gehorchte, vor allem in ihrer Grundlegung der *Hamburgischen Dramaturgie*, dem Ziel, im Bunde mit der aristotelischen *Poetik* die wahre Dramenlehre wiederherzustellen. Er knüpft also, „in dieser Hinsicht konservativ, an den überkommenen Aristotelismus an; er unterscheidet sich darin von seinen Vorgängern, daß er glaubt, erst er habe die aristotelische Poetik richtig verstanden, er allein besitze den wahren Aristoteles.“ (Fuhrmann 1980, 99) Mit dessen Hilfe suchte Lessing die von Gottsched geförderte Hegemonie der französischen Tragödie zu brechen. Sah diese sich als kongeniale Nachfolgerin der griechischen Tragödie, so war Lessing darum bemüht, sie gegen die aus seiner Sicht ‚echte‘ griechische Dramatik und aristotelische Theorie auszuspielen. Seine Poetik wurde freilich nicht restituiert, sondern bekam ein spezifisch lessingsches Angesicht.

Das zeigt sich beispielhaft an Lessings Fortschreibung der aristotelischen Mimesisvorstellung. Zwar hält er am Prinzip der Naturnachahmung fest, „jedoch nicht mehr als Grundlage eines poetologischen Systems, sondern als Beschreibung des ästhetischen Verhältnisses zwischen Drama und Realität." (Barner/Grimm 1998, 192) Der Glaubwürdigkeitsanspruch ist dabei ein Reflex der Wirkungspoetik, die sein ästhetisches Konzept bestimmt. Soll das Gemüt des Lesers oder Zuschauers erreicht werden, muss er für wahr und wirklich halten, was ihm vorgestellt wird. Die Illusion kann Lessing zufolge aber nur dann erreicht werden, wenn sie sich an den Gesetzen der Vernunft orientiert, und das heißt: „die spezifischen Gegenstände der poetischen Mimesis durch logisch folgerichtige Verknüpfung innerhalb eines zeitlichen Kontinuums zu einer in sich geschlossenen Einheit zusammenzuführen" (Alt 2001, 112). Der Dramatiker müsse daher alles vermeiden, was zur Aufhebung der Illusion beitrage, oder in den Worten Lessings: „was die Zuschauer an ihre Illusion erinnern kann; denn sobald sie daran erinnert sind, so ist sie weg." (Lessing 1985ff., VI 392) Von dieser Maxime ist im Wesentlichen auch seine folgenreiche Auseinandersetzung mit der Lehre von den drei Einheiten gekennzeichnet. Da der Aufbau des Trauerspiels darauf abgestimmt ist, eine nach natürlichen Gesetzen sich vollziehende Identifikation des Lesers oder Zuschauers mit dem inszenierten Geschehen zu erreichen, steht eine nach logischen Erwägungen operierende Regelauslegung der anvisierten Identifikation im Wege. Ziel müsse es sein, die Regel ihrem Geist nach, das heißt der natürlichen Ordnung gemäß, und nicht mechanisch auszulegen.

Natur und Wahrscheinlichkeit sind Kategorien, mit denen Lessing in der *Hamburgischen Dramaturgie* immer wieder aufs Neue das Verhältnis zwischen Drama und Wirklichkeit zu erfassen suchte. Hier findet nicht zuletzt auch seine aristotelisch geprägte Vorstellung vom gemischten Charakter ihr wirkungspoetisches Korrelat. Anders als Aristoteles aber sah Lessing den Charakter nicht mehr nur als Diener, sondern wie vor ihm schon Johann Elias Schlegel als Träger bzw. Katalysator der Handlung. Dabei durfte der Charakter durchaus verschiedene Neigungen haben, aber nicht, wie nachfolgend in der ‚Sturm und Drang'-Dramatik, ambivalent gestaltet sein. Dahinter verbarg sich noch der auch für Gottsched konstitutive Gedanke von der Einheit und Unteilbarkeit der Individualität, ein Gedanke im Übrigen, der, von Descartes genährt, die kantische Anthropologie ebenso beherrschte (vgl. Andreotti 1996, 93), wie er das Menschenbild der deutschen Klassik bestimmte. Entsprechend heißt es bei Lessing: „Nichts muß sich in den Charakteren widersprechen; sie müssen immer einförmig, immer sich selbst ähnlich bleiben; sie dürfen sich itzt stärker, itzt schwächer äußern, nach dem die Umstände auf sie wirken; aber keine von diesen Umständen müssen mächtig genug sein können, sie von schwarz auf weiß zu ändern. Ein Türk und Despot muß, auch wenn er verliebt ist, noch Türk und Despot sein." (Lessing 1985ff., VI 349)

Mit Lessing beginnt, wenn man Schlegel dazu in die Rolle eines Vorläufers setzen will, der Charakter Sinnmitte des Dramas zu werden. Er ist es aber hier nur nach Maßgabe der Wirkung, die von ihm ausgehen soll. Vor allem zeigt sich, was in der Natur des Wandels bzw. Übergangs begründet liegt, dass er hinsichtlich der Prioritätsfrage zwischen Handlung und Charakter noch nicht eindeutig Position bezog. Mal gab er der Handlung, mal dem Charakter den Vorzug, mal hielt er die Frage offen, indem er ihre Beantwortung von der Gattung abhängig machte. Danach müssten die Charaktere als „das Hauptwerk" der Komödie und die Situationen nur als Mittel gelten, „jene sich äußern zu lassen", während umgekehrt für die Tragödie „die Charaktere weniger wesentlich" seien und „Schrecken und Mitleid vornehmlich der Situation" entspringen würden (Lessing 1985ff., VI 437f.). Solche Uneindeutigkeiten sind, wie gesagt, der Zeit geschuldet und in Rechnung zu stellen, wenn sie sich in der dramatischen Umsetzung wiederfinden. Ähnliches gilt auch dort, wo Theorie und Praxis im Widerspruch zueinander stehen bzw. bestimmte Prämissen und Vorstellungen nicht unmittelbar umgesetzt werden. Von Lessings Polemik gegen die Regeldoktrin des französischen Dramas und seiner Hochbewertung des englischen Theaters auf dessen Nachahmung zu schließen, wäre in jedem Fall verfehlt. Er war weit davon entfernt, „die genialische Unregelmäßigkeit Shakespeares goutieren oder gar selbst reproduzieren zu können. Die Anerkennung und Nachahmung dieser Leistung blieb der nächsten Generation vorbehalten." (Brenner 2000, 192)

Der nächsten Generation, die sich überwiegend dem Drama verschrieben hatte, stand Lessing äußerst reserviert gegenüber. Ihre Abkehr vom aristotelischen Mimesis-Prinzip, die radikale Aufwertung der Produktionsästhetik gegenüber der aufgeklärten Darstellungs- und Wirkungsästhetik, mit der überwiegend die Entfunktionalisierung der Schaubühne als moralischer Anstalt einherging, musste er geradezu als Affront gegen seine eigene Dramentheorie und -praxis aufgefasst haben. Auf der anderen Seite ist es nicht so, als hätten wir es hier mit einer literaturgeschichtlichen Rebellion zu tun, die gleichsam voraussetzungslos und aus sich selbst heraus in Gang gekommen wäre. „Die Poetik des Dramas im Sturm und Drang setzt [...] die Ästhetik und Poetik des Dramas im gesamten 18. Jahrhundert voraus. Vorbereitet waren die Abwertung des französischen klassizistischen Dramas und der ‚reinen' Gattungen, die Schätzung Shakespeares, die Ablösung der Regeldogmatik durch eine innere Gesetzlichkeit und Einheit der Formen; ebenso die Veränderungen in der Wahl der Stoffe und der Sprache und in der Bestimmung der Leidenschaften. Vorbereitet war der Begriff des Genies, seiner schöpferischen Gefühls- und Ausdruckskräfte, die Wertung der Natur und des Naturhaften." (Martini 1971, 124) Was insofern im ‚Sturm und Drang' geschieht, kommt weniger einem Bruch mit der Tradition gleich, sondern steht im Zeichen der radikalen Weiterentwicklung und Umgestaltung ihrer Voraussetzungen. Lässt sich die Dramendichtung der 1770er und frühen 1780er Jahre als Ausdrucksform eines extremen Individualismus verstehen, so vollzieht sich der Ausgang aus der „selbst verschuldeten Unmündigkeit" (Kant 1974-77, XI 53) in dieser Zeit anthropologisch und poetisch mit einer bis dahin unbekannten Entschiedenheit.

Während Goethes *Götz von Berlichingen* (1773) dem ‚Sturm und Drang' die Richtung vorgab und das gleichnamige, 1777 veröffentlichte Drama von Maximilian Klinger der literarischen Bewegung ihren bis heute gültigen Namen verlieh, drückte Jakob Michael Reinhold Lenz der an sich wenig theoriefreudigen Literatur dieser Zeit ihren poetologisch unverwechselbaren Stempel auf. Wie Goethe in seiner Rede *Zum Shakespeares-Tag* (1771), so bezieht sich auch Lenz in seinen *Anmerkungen übers Theater* (1774), der dramentheoretisch wichtigsten Schrift des ‚Sturm und Drang', auf das Vorbild Shakespeares, um sich unter Berufung auf die Natur von den Regeln des klassizistischen Dramas zu befreien. Einem Akt der Befreiung kommt bereits die Form des Textes selbst gleich, indem Lenz die bis dahin gängigen und erwarteten Regeln der aufgeklärt-theoretischen, einer systematischen Logik folgenden Programmschrift unterläuft und „rhapsodienweis" (Lenz 1987, II 641) seine Thesen vorträgt. Ihr Zentrum bildet die kategorische Absage an das regelhafte Drama klassizistischer Prägung: „Was heißen die drei Einheiten? hundert Einheiten will ich euch angeben, die alle immer noch die eine bleiben. Einheit der Nation, Einheit der Sprache, Einheit der Religion, Einheit der Sitten – ja was wird's denn nun? Immer dasselbe, immer und ewig dasselbe. Der Dichter und das Publikum müssen die eine Einheit fühlen aber nicht klassifizieren. Gott ist nur Eins in allen seinen Werken, und der Dichter muß es auch sein, wie groß oder klein sein Wirkungskreis auch immer sein mag. Aber fort mit dem Schulmeister, der mit seinem Stäbchen einem Gott auf die Finger schlägt." (Lenz 1987, II 655) Den Regeln der drei Einheiten setzt Lenz die Lehre der einen, vom Publikum gefühlten Einheit entgegen, und es liegt in der Hand des Dichters, als *alter deus* und zweiten Schöpfergottes, diese Einheit fühlbar zu machen. Von der theologischen Fundierung des ästhetischen Programms, nach dem es keinen Eingriff in den göttlichen Bauplan geben dürfe, leiten sich Lenzens Angriffe auf Aristoteles her, wobei diese bei genauer Betrachtung weniger seiner *Poetik* als vielmehr seinen Auslegern gelten: „Man braucht nicht lange zu beweisen, daß die französischen Schauspiele den Regeln des Aristoteles entsprechen, sie haben sie bis zu einem Punkt hinausgetrieben, der jedem Mann von gesunder Empfindung Herzensangst verursacht." (Lenz 1987, II 659) Analog zum Postulat von der gefühlten Einheit beruft sich Lenz – charakteristisch für einen Autor des ‚Sturm und Drang' – auf die Empfindung, um sich von dem französischen Drama abzugrenzen. Dem liegt letztlich ein sozialgeschichtlicher Sachverhalt zugrunde. War das französische Drama an die höfische Gesellschaft und damit an den Absolutismus gebunden, so definierte sich das deutsche Theater seit Lessing als eine bürgerliche Form der Kunst. Das ist das Erbe der Aufklärung und, in der Reflexion auf ihre dichtungstheoretischen Voraussetzungen, zugleich ein Bruch mit ihren Positionen, wenn Lenz etwa in seinem Bestimmungsversuch zur Komödie und Tragödie die aristotelisch begründete Gattungsdefinition umkehrt: „Die Hauptempfindung in der Komödie ist immer die Begebenheit, die Hauptempfindung in der Tragödie ist die Person, die Schöpfer ihrer Begebenheiten." (Lenz 1987, II 668) Und:

> Meiner Meinung nach wäre immer der Hauptgedanke einer Komödie e i n e S a c h e, einer Tragödie e i n e P e r s o n. […] Sehen Sie, meine Herren, das wäre so meine Meinung über Shakespears Komödien – und alle Komödien, die geschrieben sind und geschrieben werden können. Die Personen sind für die Handlungen da – für die artigen Erfolge, Wirkungen, Gegenwirkungen, ein Kreis herumgezogen, der sich um eine Hauptidee dreht – und es ist eine Komödie. […] Im Trauerspiele aber sind die Handlungen um der Person willen da […]. In der Komödie aber gehe ich von den Handlungen aus, und lasse Personen Teil dran nehmen welche ich will. Eine Komödie ohne Personen interessiert nicht, eine Tragödie ohne Personen ist ein Widerspruch. (Lenz 1987, II 669f.)

Bei der Tragödie steht, in Umkehrung des aristotelischen Handlungsdogmas, die Person im Mittelpunkt, die Komödie dagegen lebt von der Situation, wodurch sie eindeutig als Handlungsdrama bestimmt wird. Aus dieser Umdeutung, die bereits durch die Annäherung zwischen Komödie und

Tragödie in Form des rührenden Lustspiels und bürgerlichen Trauerspiels vorgeprägt war (vgl. Alt 1994, 149ff.), gehen zwei für die Dramenkonzeption Lenz' wesentliche Eigenheiten hervor. Zum einen distanziert er sich damit von der überlieferten Typen- und Charakterkomödie des 18. Jahrhunderts, auf der anderen Seite verleiht er der Komödie, im Gegensatz zu Heinrich Wilhelm von Gerstenberg, Johann Gottfried Herder und Goethe, ein ganz neues, für seine Sonderstellung innerhalb der ‚Sturm und Drang'-Dramatik charakteristisches Gewicht. Denn anders „als bei ihnen gibt es bei Lenz nicht die Prometheusfiguren, die ‚großen Kerls'. Es sind nicht die aktiven, gottähnlichen, himmelstürmenden tragisch-idealischen Titanen, die gestaltet werden, sondern die realistisch gezeichneten Durchschnitts- und Alltagsmenschen, die den Zwängen der Ständegesellschaft zum Opfer fallen." (Lützeler 1997, 147f.)

Auf der Grundlage seiner Neudefinition der Komödie eröffnet Lenz der Gattung die Möglichkeit zur Erschließung sozialer bzw. gesellschaftskritischer Themen. Nicht ein kurioser Einzelcharakter wird der Lächerlichkeit preisgegeben, vielmehr gerät das gesellschaftliche Leben als Ausschnitt in ihren Blick. Dabei begreift Lenz die „Komödie nicht [als] eine Vorstellung, die bloß lachen erregt, sondern [als] eine Vorstellung die für jedermann ist", ein „Gemälde der menschlichen Gesellschaft, und wenn die ernsthaft wird, kann das Gemälde nicht lachend werden." Daher müsse der deutsche Komödienschreiber komisch und tragisch zugleich schreiben, „weil das Volk", so Lenz in seiner Selbstrezension zum Drama *Der neue Menoza* (1774), „für das sie schreiben, oder doch wenigstens schreiben sollten, ein solcher Mischmasch von Kultur, Rohigkeit, Sittigkeit und Wildheit ist." (Lenz 1987, II 703f.) Aus dieser Bestimmung erklärt sich, warum sich in einer frühen Berliner Handschrift seiner Komödie *Der Hofmeister* (1774) die Bezeichnung „Lust- und Trauerspiel" (Lenz 1987, I 709) findet. Wohl nicht zu Unrecht gilt Lenz damit als Begründer der modernen Tragikomödie (vgl. Guthke 1968, 141), obwohl Bedenken darüber geäußert wurden, ob man seine Stücke auf diesem Wege nicht zu sehr mit den üblichen Gattungsmaßstäben beurteilen würde (vgl. Lützeler 1997, 150). Wenn jedoch im Gegensatz zur alten Form der Tragikomödie, die ihrer Bauart nach zum Neben- und Gegeneinander der komischen und tragischen Elemente tendierte, die moderne Form eher einem synthetischen, auf der Identität der Gegensätze beruhenden Prinzip folgt, so trifft dies cum grano salis auch auf die Dramen von Lenz zu. Ihre Wirkung setzte allerdings ebenso spät ein wie die seiner Dramentheorie. Im 20. Jahrhundert, das seinem Werk die längst fällige Anerkennung bringt, setzt sich die Tragikomödie neben dem epischen Theater dann aber als wesentliche dramatische Form durch, nachdem dazu bereits in der Philosophie des deutschen Idealismus ein theoretisch wirksames Fundament gelegt worden war (Schneilin 2001b, 1136).

Die Weimarer Klassik hatte an dieser Entwicklung kaum einen Anteil. Sie zeigte weder ein ausgeprägtes Interesse an dramatischen Mischformen noch an der Komödie. Klassische Komödien wie im französischen oder italienischen Theater sucht man daher bei ihr vergebens. Ihr Hauptaugenmerk galt der Tragödie. Während Johann Wolfgang Goethe nach eigenem Bekunden und trotz *Egmont* und *Faust* „nicht zum tragischen Dichter geboren" war (Goethe 1962-66, IV 458), wandte sich Friedrich Schiller als Dramatiker in Theorie und Praxis gleichermaßen intensiv und eindringlich dem Tragischen zu. „Sein dualistisches Welt- und Menschenbild ließ ihn die Welt als einen Kampfplatz zwischen Natur und Vernunft erfahren, wo der Mensch als sinnlich-sittliches Doppelwesen in Konflikte verwickelt wird, in denen er sich als Vernunftwesen gegen die feindlichen Kräfte der Natur wie gegen die eigene Sinnlichkeit behaupten muß." (Berghahn 1971, 214f.) Da das Kunstwerk bei Schiller auf die ästhetische Erziehung des Menschen ausgerichtet war, sollte es nicht Erfahrungswirklichkeit auslegen oder – wie noch bei Lessing – einen moralischen oder gesellschaftlichen Verhaltensappell vermitteln. Seine zahlreichen theoretischen Abhandlungen – allen voran *Über die tragische Kunst* (1792), *Vom Erhabenen* (1793) und *Über das Pathetische* (1793) – argumentieren daher auch nicht mehr wirkungspoetisch (im Sinne der Zweckbestimmung des Dramas), sondern wirkungsästhetisch, das heißt „im Kontext einer Theorie der Rezeption dramatischer Werke und der aus ihr zu gewinnenden Einsichten in die Prozesse der Zuschauerreaktion." (Profitlich 1999, 97) Anders als noch in seinem Vortrag *Die Schaubühne als eine moralische Anstalt betrachtet* (1784), der noch von dem aufklärerisch gestimmten Erziehungsoptimismus beseelt war, dass die allenthalben vernehmbare „Menschlichkeit und Duldung" (Schiller 1993, V 828) zu einem nicht geringen Teil auf die Wirkungsmächtigkeit der Bühne zurückzuführen sei – die „Gerichtsbarkeit der Bühne fängt an, wo das Gebiet der weltlichen Gesetze sich endigt" (Schiller 1993, V 823), lautet die vielzitierte zentrale Äußerung seiner Ausführungen –, rückt die Dramentheorie der 1790er Jahre den ganzen Menschen in seiner psychophysischen Doppelnatur ins Zentrum der Auseinandersetzung. In seiner Schrift *Über die tragische Kunst* bildet die aristotelische Tragödiendefinition den Referenzpunkt, von dem aus Schiller zur Bestimmung der eigenen Tragödienauffassung gelangt:

> Die Tragödie wäre demnach dichterische Nachahmung einer zusammenhängenden Reihe von Begebenheiten (einer vollständigen Handlung) welche uns Menschen in einem Zustand des Leidens zeigt und zur Absicht hat, unser Mitleid zu erregen. (Schiller 1993, V 388)

Das Leiden und das Mitleid sind in dieser Bestimmung von herausgehobener Bedeutung, weil sie Bedingung der zu erzielenden tragischen Rührung sein sollen. Auffällig ist freilich, dass in dieser Konzeption, die auf den ersten Blick an Lessings Mitleidspoetik erinnert, das Moment der Furcht fehlt. Mit der Vernachlässigung der Furcht (vgl. Barone 2004, 186f.), die bei Lessing als das auf „uns selbst bezogene Mitleid" (Lessing 1985ff., VI 557) noch Garant der sozialen Verbindlichkeit war, schafft Schiller die Voraussetzung dafür, das Mitleid jenseits einer Ethik des philanthropisch-altruistischen Menschen in den Begründungszusammenhang sittlicher Freiheit zu stellen. Denn angesichts des Unglücks, dass der Bühnenheld trotz seiner moralischen Überlegenheit, womöglich erst aufgrund seiner konsequenten sittlichen Grundüberzeugung erleidet, soll im Zuschauer eine Mitleidsempfindung hervorgerufen werden, in der sich „affektive Betroffenheit und Reflexion" (Alt 2004, II 91) über die Bedingungen der moralischen bzw. sittlichen Freiheit miteinander vermischen. Schillers Theorie zielt insofern nicht mehr unbedingt auf die Einübung ins Mitleid als eine tugendhafte Fertigkeit, sondern auf das „sittlich[e] Vermögen zum Widerstand", das durch den „Beistand übersinnlicher, sittlicher Ideen" (Schiller 1993, V 382f.) gestützt wird. Sein Programm einer moralischen Freiheit des Individuums erfährt allerdings erst im Horizont seiner Vorstellung des Pathetischerhabenen eine tragödientheoretisch konzise Begründung.

Was das Pathetischerhabene ist und wie sein Wirkungsmechanismus funktioniert, darüber handelt am konsequentesten sein Essay *Über das Pathetische*. Beide Begriffe, das Pathos und das Erhabene, stehen im Verhältnis wechselseitiger Bedingung und sind funktional aufeinander bezogen. Für Schiller heißt Pathos zunächst einmal Leiden, und es ist Aufgabe des Dramatikers, ein möglichst hohes Maß an Leiderfahrung zur Darstellung zu bringen. Zweck der Kunst kann es jedoch nicht sein, sich in der Darstellung des Leidens zu erfüllen. Neben dem ersten Gesetz der tragischen Kunst, das sich auf die „Darstellung der leidenden Natur" bezieht, bedarf es noch eines zweiten, das auf die „Darstellung des moralischen Widerstandes gegen das Leiden" (Schiller 1993, V 515) zielt, um wirklich ästhetischen Ansprüchen zu genügen. Das erinnert auf den ersten Blick an stoizistische Vorstellungen, wie sie aus der Dramentheorie und dem Trauerspiel des Barock geläufig sind;

dahinter verbirgt sich jedoch ein radikaler Wille zur Selbstbehauptung, der sich am Diesseits orientiert und nicht in einem wie auch immer gearteten Jenseitsglauben aufgehoben ist. Schon Schillers diesbezügliche Argumentation verrät, wie sehr sich seine Theorie an den Erfordernissen und Gegebenheiten des Hier und Jetzt orientiert:

> Der, welcher einem Schmerz zum Raube wird, ist bloß ein gequältes Tier, kein leidender Mensch mehr; denn von dem Menschen wird schlechterdings ein moralischer Widerstand gegen das Leiden gefodert, durch den allein sich das Prinzip der Freiheit in ihm, die Intelligenz, kenntlich machen kann.
> Aus diesem Grunde verstehen sich diejenigen Künstler und Dichter sehr schlecht auf ihre Kunst, welche das Pathos durch die bloße *sinnliche* Kraft des Affekts und die höchstlebendigste Schilderung des Leidens zu erreichen glauben. Sie vergessen, daß das Leiden selbst nie der *letzte* Zweck der Darstellung und nie die *unmittelbare* Quelle des Vergnügens sein kann, das wir am Tragischen empfinden. Das Pathetische ist nur ästhetisch, insofern es erhaben ist. (Schiller 1993, V 516f.)

„*Erhaben*" nennt Schiller im Anschluss an Immanuel Kant „ein Objekt, bei dessen Vorstellung unsre sinnliche Natur ihre Schranken, unsre vernünftige Natur aber ihre Überlegenheit, ihre Freiheit von Schranken fühlt; gegen das wir also *physisch* den kürzeren ziehen, über welches wir uns aber *moralisch* d. i. durch Ideen erheben" (Schiller 1993, V 489). In seiner Schrift *Über den Grund des Vergnügens an tragischen Gegenständen* (1791) folgert Schiller daraus, dass das „Gefühl des Erhabenen" (Schiller 1993, V 362) aus Schmerz und Vergnügen besteht. Während der Schmerz Ausdruck „unsrer Ohnmacht und Begrenzung" ist, entspringt das Vergnügen dem „Gefühl unsrer Übermacht, welche vor keinen Grenzen erschrickt und dasjenige sich geistig unterwirft, dem unsre sinnlichen Kräfte unterliegen". Aufgabe der Tragödie sei es daher, „durch den Schmerz [zu] ergötzen" (Schiller 1993, V 362 u. 364), und dies um so mehr, als es die Tragödie wie keine andere Gattung verstehe, die „zwei Hauptbedingungen des Erhabenen": die „sinnlichlebhafte Vorstellung des Leidens" mit dem „Gefühl eigner Sicherheit" zu verbinden. Es ist dies die besondere Erlebnisform des Erhabenen, die Schiller als das „Pathetischerhabene" (Schiller 1993, V 509f.) bezeichnet.

Schillers Theorie des „Pathetischerhabenen" ist, insofern sie ganz auf den Zuschauer ausgerichtet ist und durch „Schmerz ergötzen will", eine

Affektenlehre. Zweck der Tragödie ist es, Affekte der Zuschauer zu erregen: „die affektvolle, unruhige Erwartung, mithin das Gesetz des intensiven und rastlosen Fortschreitens“ hatte Schiller in seinem Brief an Goethe vom 26. Dezember 1797 (Schiller 1983, 344) als das Wesensmerkmal der tragischen Kunst überhaupt bezeichnet. Mit Blick auf die Handlungscharakterisierung griff Schiller damit ein Argument auf, das, befreit allerdings von wirkungsästhetischen Implikationen, in dem zeitgleich entstandenen und mit Goethe verfassten Traktat *Über epische und dramatische Dichtung* wiederkehrt. Gegen die in der Romantik sich anbahnende Auflösung des Gattungsgefüges nahm die erst 30 Jahre später veröffentlichte Abhandlung einen poetologisch konservativen, auf der strikten Unterscheidung zwischen den Gattungen insistierenden Standpunkt ein (vgl. Gesse 1997, 136), wobei Fragen nach dem Aufbau der Handlung und ihrer Motivierung im Zentrum der Überlegungen standen. Ganz im Sinne der schillerschen Handlungsbestimmung wurde die tragische Handlung, die aus Gründen ihrer eigenen Weiterentwicklung fort- bzw. vorwärtsschreite, von der Rückwärtsgewandtheit der epischen Handlung abgegrenzt. Beide Handlungstypen leiten sich freilich unmittelbar aus der typologischen Wesensbestimmung der Gattungen her. Denn während, so die folgenreiche Definition, das Epos seinem Wesen nach seine Begebenheiten als „*vollkommen vergangen*“ vortrage, stelle sie das Drama als „*vollkommen gegenwärtig*“ (Schiller 1993, V 790) dar. Zwar ging Schiller mit Goethe davon aus, dass beide, der Epiker und der Dramatiker, allgemeinen poetischen Gesetzen, und hier besonders dem Gesetz der Einheit, unterworfen seien, doch wurde mit Blick auf das Drama der Einheitsbegriff in letzter Konsequenz enger gefasst: „Das epische Gedicht stellt vorzüglich persönlich beschränkte Tätigkeit, die Tragödie persönlich beschränktes Leiden vor; das epische Gedicht den *außer sich wirkenden* Menschen: Schlachten, Reisen, jede Art von Unternehmung, die eine gewisse sinnliche Breite fordert; die Tragödie den *nach innen geführten* Menschen, und die Handlungen der echten Tragödie bedürfen daher nur weniges Raums.“ (Schiller 1993, V 790)

Das Plädoyer für eine strikte Gattungstrennung stand ganz unter dem Eindruck des Klassizismus als poetologisch regulierender Idee. Ungeachtet der damit beabsichtigten Frontstellung zur Romantik, die von der Literaturgeschichtsschreibung entsprechend in das klassisch-romantische Oppositionsschema integriert wurde, setzte sie sich in der Praxis nicht unbedingt durch. „Der Blick auf die Theorie verstellt den Blick auf das Neue der Dramaturgie Schillers, die den vielfältig bemerkten Ordnungsverlust in die dramatische Darstellung hineinnimmt und dabei Formen generiert, die Grenzziehungen zu im Umkreis der Romantik zeitgleich entstehenden Dramen mindestens erschweren; zu denken ist hier u. a. an die episierenden Tendenzen des *Wallenstein* oder die opernhaften der *Jungfrau von Orleans*, an die desillusionierende metrische Versatilität der *Braut von Messina* oder die strukturelle Panoramatik des *Wilhelm Tell*." (Stockinger 2000, 202) Wir haben es um 1800 daher nicht mit einem epochengeschichtlich scharf markierten Übergang in der Entwicklung der Gattung zu tun, sondern mit einem Prozess, der sich vielschichtig und eher stufenweise vollzog. Mit der Dramentheorie verhält es sich fast ebenso, obwohl die entsprechenden Verlautbarungen und Peter Szondis Wort, dass es seit Aristoteles „eine Poetik der Tragödie", seit Schelling aber erst „eine Philosophie des Tragischen" gebe (Szondi 1961, 7), anderes vermuten lassen. Richtig ist, dass zu Beginn des 19. Jahrhunderts eine Ablösung von einer aristotelisch geprägten Wirkungspoetik durch eine Gehaltsästhetik bzw. von einer normativen durch eine spekulative Gattungspoetik (vgl. Szondi 1974, II 9) zu konstatieren ist. Nicht von ungefähr gilt Schiller als „der letzte große Theoretiker der Tragödie, der diese noch ganz von ihrer spezifisch theatralischen, affektiven Wirkungsdynamik her bestimmt." (Borchmeyer 1998, 237) Auf der anderen Seite aber stellt seine Poetik der Tragödie bereits den Versuch dar, sie als Ästhetik dieser Gattung im Sinne der kritischen Philosophie Kants zu etablieren. Und wenn Hegel in seinen *Vorlesungen über die Ästhetik* das Drama „als die höchste Stufe der Poesie und der Kunst" ansieht (Hegel 1970, XV 474), so wird damit philosophisch eine Gattungspräferenz (wieder-)begründet, zu der allen voran das theoretische und dramatische Werk Schillers die Voraussetzung geliefert hatte.

4. Eine Domäne der Philosophie
Dramentheorie von Hölderlin bis Nietzsche

Die Reflexion über das Drama wird nach 1800 eindeutig eine Domäne der Philosophie. Diese Entwicklung steht einerseits in dem oben beschriebenen Ablösungsvorgang, in dem die Poetik ihren angestammten Platz verliert und nun zum Bestandteil der Ästhetik wird. Andererseits, und das wird vielfach aus den Augen verloren, ist die Dramentheorie nicht mehr primär ein Geschäft von Theoretikern, die wie Lessing, Lenz und Schiller von Haus aus Dichter bzw. Dramatiker waren, sondern von Literaturkritikern, Kulturhistorikern und Philosophen. Hierzu gehören vor allem die Brüder Schlegel, Schelling und, als primus inter pares, Hegel. Eine Ausnahme bildet in diesem Zusammenhang, wenn man das Kriterium der Bedeutsamkeit zugrunde legt, allein Friedrich Hölderlin. Obgleich man Hölderlin mit Hegel wirkungsgeschichtlich nicht auf eine Stufe stellen kann, sind beider Gattungsvorstellungen sogar zu den „tiefgründigsten und eindrucksvollsten Konzeptionen einer Theorie des Tragischen und der Tragödie" (Düsing 1988, 55) gezählt worden. Was Hölderlins Schriften zur Tragödie – seine im Umkreis des *Empedokles*-Projekts (1797-99) entstandenen Überlegungen sowie die 1804 zusammen mit den Sophokles-Tragödien veröffentlichten *Anmerkungen zum Oedipus* und *Anmerkungen zur Antigonae* – mit Hegel und der zeitgenössischen Philosophie des Dramas eint, ist das Interesse an Fragen, die nicht mehr die Wirkung des Tragischen und dessen psychologische Mechanismen und Folgen für den Zuschauer betreffen. „Sondern das Geschehen der Tragödie, das, was der Held erleidet und erringt, wird zum Symbol eines tieferen Geschehens, das mit Begriffen nicht der Psychologie, sondern der Philosophie zu fassen ist." (Szondi 1974, I 240) Als tragisch bezeichnet Hölderlin das „Ungeheure, wie der Gott und Mensch sich paart, und gränzenlos die Naturmacht und des Menschen Innerstes im Zorn Eins wird" (Hölderlin 1992f., II 315). Der Vorgang ist deshalb tragisch, weil mit ihm der Selbstverlust des Menschen einhergeht. „Er ist nur noch Schauplatz der Erscheinung des Gottes" (Kurz 1977, 30), wie dieser umgekehrt in der Sphäre des Menschen aufgehoben ist. Die Einheit dessen, was prinzipiell verschieden ist, lässt sich dauerhaft allerdings nicht aufrechterhalten. Es tritt vielmehr ein Prozess in Kraft, in dem der Mensch versteht, „daß das gränzenlose Einswerden durch gränzenloses Scheiden sich reinigt" (Hölderlin 1992f., II 315), dass er also das in der Vereinigung von Gott und Mensch liegende Ungeheure fasst und begreift.

Das tragische Geschehen als „zerstörerisches Entgrenzungsgeschehen“ (Schmidt 1994/95, 81), in dem der Ermöglichungsgrund zur Entstehung des menschlichen Bewusstseins angelegt ist, kommt jedoch nicht nur deswegen allein in Gang, weil sich der Held eines Fehlers im Sinne der aristotelischen hamartía-Lehre oder eines moralischen Vergehens schuldig gemacht hätte. Zwar löst es Ödipus, nach der Lesart Hölderlins, dadurch aus, dass er das im Orakel verkündete „allgemeine Gebot argwöhnisch ins Besondere deutet“ und sich somit in hybrider Selbstüberschätzung göttlicher Anmaßung schuldig macht, er ist aber selbst, indem er „zum *nefas* [d. i. Frevel] versucht wird“ (Hölderlin 1992f., II 311), eingebunden in einen historischen Prozess, dem er unausweichlich ausgeliefert ist. Die Tragödie ist dergestalt für Hölderlin eine Tragödie der Geschichte: „sie offenbart eine geschichtliche Krise in ihrer ganzen furchtbaren Logik und Notwendigkeit. Sie offenbart, daß der Mensch noch im extremsten Fehlverhalten Teil ist eines übermächtigen, teleologischen Prozesses.“ (Kurz 1977, 22) Die historische Krisensituation wird in beiden *Anmerkungen* als Umbruchphase und *Ödipus* ebenso wie *Antigone* konsequent als Tragödie der Zeitenwende verstanden. Schon beim *Ödipus*-Geschehen weist Hölderlin darauf hin, dass es sich in einer, von „Pest und Sinnverwirrung und allgemein entzündetem Wahrsagergeist“ geprägten Zeit ereigne (Hölderlin 1992f., II 315). Deutlicher noch wird die Zeitenwende im Kommentar zur *Antigone* markiert, wo ausdrücklich von einem „Aufruhr“ nach Art einer „vaterländische[n] Umkehr“ begriffenen (Hölderlin 1992f., II 375) die Rede ist. Mit „vaterländische[r] Umkehr“ ist ein revolutionäres Zeitgeschehen gemeint, in dem sich alle gewohnten Maßstäbe verkehren bzw. politische, moralische und religiöse Grundsätze im Zustand der Auflösung begriffen sind. „Die Tragödie ist ein Moment totaler Veränderung aller Formen, ohne daß die davon betroffenen Personen einen Halt finden.“ (Böschenstein 2002, 251) In der Zeitenwende liegt insofern der tragische Untergang des Einzelnen begründet und nicht in seiner identitätszerstörenden Entgrenzung, was andernfalls dem Einbruch des schlechthin Sinnlosen in den Weltenlauf gleichkäme. Der Untergang des Einzelnen ist daher nur ein Moment: „Durch die dichterische *Darstellung* eines übergreifenden prozessualen Ganzen wird er im Bewußtsein des Lesers als ein Moment nicht endgültigen Untergangs, sondern als ein revolutionärer Moment des Übergangs von der Vergangenheit in die Zukunft erkennbar. Im Bewußtsein des Lesers und nur dort erhält der tragische Untergang des Helden oder der Heldin damit einen *geschichtlichen Sinn*. Die durch die Darstellung des tragischen Geschehens im Bewußtsein des Lesers erzeugte Sinnerfahrung ist die von einer Kontinuität der Geschichte, die insofern sinnvoll erscheint, als sie den Untergang, den der Held individuell als Zerstörung und geschichtlich als radikalen Kontinuitätsbruch im Moment der ‚vaterländischen Umkehr' erleidet, in einem übergreifenden geschichtlichen Zusammenhang aufhebt. Das ist die eigentliche Leistung der Tragödie für Hölderlin." (Schmidt 1994/95, 81f.)

Hölderlins Auseinandersetzung mit der antiken Tragödie steht im Kontext der am Ende des 17. Jahrhunderts in Frankreich angefachten und um 1800 im Streit zwischen Klassikern und Romantikern neu aufgelegten Diskussion, ob den Werken der Alten oder den Werken der Neueren der Vorzug gebühre (*Querelle des Anciens et des Modernes*; vgl. hierzu Jauß 1970). Dabei hatte schon Schiller, ungeachtet seiner Hinwendung zur antiken Kunst und (zumindest theoretischen) Nähe zur aristotelischen Dramentradition, wenig Interesse daran gezeigt, die antike Tragödie zu restituieren oder sie als Muster aufzugreifen. Er wollte vielmehr etwas Analoges schaffen, etwas, das seiner eigenen Zeit gemäß war. So teilte Schiller zwar die allgemeine Verehrung für die sophokleische Tragödie, aber sie war letztendlich historisch, „eine Erscheinung ihrer Zeit, die nicht wiederkommen kann; und das lebendige Produkt einer individuellen, bestimmten Gegenwart einer ganz heterogenen Zeit zum Maßstab und Muster aufdringen, hieße, die Kunst, die immer dynamisch und lebendig entstehen und wirken muß, eher töten als beleben." (Schiller 1983, 389) Von einem geschichtsphilosophisch ähnlichen Standpunkt ging Hölderlin den Vergleich zwischen Antike und Moderne an, nur dass er anders als Schiller und Goethe in *Über epische und dramatische Dichtung* den „vermischte[n] Ausdruck" (Hölderlin 1992f., II 110) als künstlerisch vertretbar erachtete und unter dem Gesichtspunkt der Tragödie auch forderte. Gerade weil das gegenwärtige Leben sich so ganz anders – nüchterner, prosaischer, aber auch innerlicher (vgl. Hölderlin 1992f., II 912f.) – zeige als das vergangene, müsse die tragische Dichtung unter Wahrung ihrer Besonderheiten episch akzentuiert werden.

Wie bei Hölderlin, so steht auch die Dramentheorie Friedrich Schlegels, zumal in seiner frühen Schrift *Über das Studium der griechischen Poesie* (1795-97), ganz unter dem Eindruck seiner vergleichenden Beschäftigung mit der antiken und modernen Literatur. Über den Versuch, aus der Analyse der antiken Literaturgeschichte Erkenntnisse in Bezug auf die Literatur seiner Zeit zu gewinnen, entwickelte sich ein grundlegendes Interesse an der Moderne, hinter dem seine ursprünglich klassizistische Intention zusehends an Bedeutung verlor. Noch aus seiner ultraklassizistischen Phase (vgl. Jung 1997, 102) stammt die auf Hegel vorausweisende Charakterisierung der (sophokleischen) Tragödie als Medium für „das höchste Schöne" (F. Schlegel 1958ff., I 293), die bei ihm in dieser Zeit noch mit einer entschiedenen Kritik moderner Disziplinauflösung und Gattungsvermischung einherging: „Die Philosophie poetisiert und die Poesie philosophiert: die Geschichte wird als Dichtung, diese aber als Geschichte behandelt. Selbst die Dichtarten wechseln gegenseitig ihre Bestimmung; eine lyrische Stimmung wird der Gegenstand eines Dramas, und ein dramatischer Stoff wird in lyrische Form gezwängt. Diese *Anarchie* bleibt nicht an den äußern Gränzen stehn, sondern erstreckt sich über das ganze Gebiet des Geschmacks und der Kunst." (F. Schlegel 1958ff., I 219) Die moderne Poesie erfüllt keinesfalls die Kriterien der Schönheit, in ihren radikalsten Ausprägungen tendiert sie sogar eher zur Hässlichkeit, wobei sie überlieferte ästhetische Regeln sprengt und statt strikter Gattungstrennung die Mischung der Genera bevorzugt. Antike und Moderne werden auf diese Weise geschichtsphilosophisch einer scharfen Grenzziehung unterworfen. Während die antike Poesie auf der Grundlage ihrer Einheit und Harmonie das Schöne verkörpere, erweise sich die moderne Poesie angesichts der Subjektivierung ihrer Mittel und der um sich greifenden Neigung zur Virtuosität als interessant:

> Aus diesem Mangel der Allgemeingültigkeit, aus dieser Herrschaft des Manirierten, Charakteristischen und Individuellen, erklärt sich von selbst die durchgängige Richtung der Poesie, ja der ganzen ästhetischen Bildung der Moderne aufs Interessante. (F. Schlegel 1958ff., I 251)

Schlegels grundlegende Grenzbestimmung bedeutet in der Konsequenz seiner Theorie einen Bruch mit der Tradition der Antike und eine von der überlieferten Dichtungstradition losgelöste Neubewertung der Moderne jenseits auch der von der *Querelle* der französischen Klassik anvisierten Festlegung auf eine gemeinsame Norm des zeitlos und naturhaft Schönen (vgl. Jauß 1970, 87). Das änderte an der Hochbewertung der antiken Tragödie zunächst nichts, schuf aber die Voraussetzung dafür, in ihr einen historischen Gegenstand zu sehen, der in seiner „durchgängige[n] Reinheit des Tragischen" (F. Schlegel 1958ff., I 246) ein uneinholbares Ideal darstellt. August Wilhelm Schlegel wird später von diesem Standpunkt aus die attische

Tragödie als die „reine Tragödie“ (A. W. Schlegel 1989, I 83) schlechthin begreifen. Auf der anderen Seite ging jedoch mit der geschichtsphilosophischen auch eine gattungsgeschichtliche Differenzierung einher, in deren Folge Friedrich Schlegel zwischen einer ästhetischen oder objektiven und einer philosophischen Tragödie unterschied. Der ästhetischen Tragödie liegt ein dreistufiges Modell zugrunde, das noch für Nietzsche maßgeblich war und sich in zeitlicher Folge an den Werken von Aischylos, Sophokles und Euripides ausrichtet, um daran die Entwicklung der griechischen Tragödie von der Natürlichkeit zur Schönheit bis zur Künstlichkeit und ihren damit einhergehenden Verfall zu beschreiben. Dabei zeichnet sie sich mehrheitlich dadurch aus, dass in ihr das Verhältnis von Mensch und Schicksal noch in Einklang gebracht ist, während es in der philosophischen Tragödie „*in vollkommenem Streit*“ dargestellt wird, wodurch sich am Ende „höchste Disharmonie“ einstellt (F. Schlegel 1958ff., I 246f.). Da aber eine solche Disharmonie der tragischen Existenz und Entfremdung des modernen Menschen Rechnung trägt, findet sie gerade deswegen in der philosophischen Tragödie ihren adäquaten Ausdruck.

Im Zuge seiner weiteren dichtungstheoretischen Überlegungen, die in der Vorstellung von der „progressive[n] Universalpoesie“ bzw. „Transzendentalpoesie“ (F. Schlegel 1958ff., II 182 u. 204) ihre Kern- und Schlüsselidee zur Moderne finden, rückt die Tragödie jedoch zusehends ins zweite Glied oder besser: Sie wird endgültig in das übergreifende Spektrum einer am Gattungsprimat orientierten Lesart der Dichtungsgeschichte eingerückt. „Drei herrschende Dichtarten. 1. Tragödie bei den Griechen. 2. Satire bei den Römern. 3. Roman bei den Modernen“ (F. Schlegel 1958ff., XVI 88). Anders jedoch als in der antiken Tragödie kann im Roman als einer – gemäß dem universalpoetischen Konzept – ständig im Werden begriffenen Dichtart die Mischung aller Gattungen erfolgen. Der Roman wurde damit zum Inbegriff des ‚genus mixtum‘ (vgl. Gesse 1997, 11), in dem Episches, Lyrisches und Dramatisches gleichermaßen und ohne Abstufung aufgehoben zu sein schienen. Allerdings räumte Schlegel dem Drama darin schließlich doch eine übergeordnete Position ein. Zwar sollte der romantische Roman sich aus „Erzählung, Gesang und anderen Formen“ zusammensetzen, das Drama aber dessen „wahre Grundlage“ bilden (F. Schlegel 1958ff., II 336). Die Erklärung dafür, warum es bei Schlegel ungeachtet der Entthronisierung der Tragödie zu einer Priorisierung des Dramas im Rahmen seiner Romantheorie kommen konnte, ist in seiner Theorie der Komödie zu suchen. Sie hat lange im Schatten der als bedeutender eingestuften Tragödientheorie gestanden (vgl. Mann 1972 u. Behler 1988) und erst in jüngerer Zeit eine grundlegende Aufwertung erfahren (vgl. Cometa 2000).

Nach dem 1794 veröffentlichten Aufsatz *Vom ästhetischen Werte der griechischen Komödie* ist die schöne Freude „der höchste Gegenstand der schönen Kunst." Der (tragische) Schmerz könne durchaus ein Medium des Schönen sein; „aber die Freude ist schon an sich schön." Im Falle der Komödie stellt diese sich durch die Verbindung von „schöner Fröhlichkeit" und „erhabener Freiheit" ein, die durch das „Hinwegnehmen der Schranken" herbeigeführt wird (F. Schlegel 1958ff., I 22f. u. 32). Schlegel sieht dieses Ideal annäherungsweise, jedoch nicht vollständig, in den Komödien des Aristophanes verwirklicht. Sie entsprachen bereits aufgrund des in ihnen zum Austrag gebrachten grotesken Humors und persönlichen Spotts nicht dem Gebot der Reinheit, das in der Kunst eigentlich verwirklicht werden sollte. Die aristophanische Komödie blieb dennoch das historisch relative Vorbild für ein allerdings erst in der Zukunft zu realisierendes Modell. Damit sich die Komödie zum „vollkommenste[n] aller poetischen Werke" (F. Schlegel 1958ff., 32) entwickle, müsse es nicht nur aus einem gesellschaftlich homogenen Umfeld hervorgehen, es setze auch einen in seiner Freiheit uneingeschränkten Dichter voraus. Beides treffe auf die Gegenwart nicht zu. Insofern jedoch die Komödie angesichts ihrer Zukunftsfähigkeit jederzeit in das Konzept der progressiven Universalpoesie integriert werden konnte, überrascht es weniger, dass Schlegel nachfolgend Roman und Komödie in einen nicht nur zeitlich begründeten Gattungszusammenhang brachte: „Sollte es nicht ein Dichtungswerk geben können das *zugleich Roman* und *classische[e] Komödie* wäre, wo Mythologie in d[er] Zukunft läge, in Geist und Buchstabe classisch und doch universell und progressiv?" (F. Schlegel 1958ff., XVI 94) Was konstitutiv für den Roman werden sollte, seine Regel- und Formlosigkeit, bildete dementsprechend auch die Grundlage für „die schönste und beste Form der Komödie" (F. Schlegel 1958ff., XI 89), sodass sie selbst wiederum zu einer Mischgattung mit der Fähigkeit avancierte, neben komischen und fröhlichen Elementen auch solche „wie ›das Häßliche‹, ›das Schlechte‹ und ›den Schmerz‹" aufzunehmen (Cometa 2000, 35). Unterschiedlich in der Argumentation, aber in der Zielvorstellung durchaus vergleichbar ist hiermit ein an der Komödienvorstellung von Lenz erinnernder Dramentyp angesprochen, in dem sich Komisches und Tragisches miteinander verbinden. Von Tragikomödie ist freilich auch bei Schlegel (noch) nicht die Rede. Er verwendete dafür in der Regel den neutralen Begriff des Schauspiels (vgl. Cometa 2000, 22 u. 36).

Die von Szondi beschriebene Ablösung der normativen durch eine spekulative Gattungspoetik im klassisch-romantischen Zeitalter zeichnet sich, wie die Beispiele Hölderlins und Schlegels dokumentieren, vor allem dadurch aus, dass die einzelnen Gattungen nicht mehr isoliert, sondern in ihrem Wechselverhältnis betrachtet werden: „im strengen Sinn stellt nur diese spekulative Poetik ein System der Dichtarten auf, während man bei den früheren Gattungstheorien eher von Klassifikation sprechen sollte." (Szondi 1974, II 292) Mit dem überhaupt ersten philosophischen System der Ästhetik, mit der 1802/03 in Jena gehaltenen und 1859 veröffentlichten Vorlesung *Philosophie der Kunst* von Friedrich Wilhelm Joseph Schelling, verhält es sich in dieser Hinsicht nicht anders. Auch wenn sie auf den ersten Blick den Eindruck erweckt, als würde sie an der klassizistischen Gattungstrias festhalten, so wird diese doch durch die polarisierende, nach dem Verhältnis von Allgemeinem und Besonderem organisierte Gegenüberstellung unterminiert: „Lyrik = Einbildung des Unendlichen ins Endliche = Besonderem. Epos = Darstellung (Subsumtion) des Endlichen im Unendlichen = Allgemeinem. Drama = Synthese des Allgemeinen und Besonderen. Nach diesen Grundformen ist also die gesammte Kunst sowohl in ihrer realen als idealen Erscheinung zu construieren." (Schelling 1984, 19) Während in der Lyrik als der subjektivsten aller Dichtarten das Allgemeine im Besonderen dargestellt wird und im Epos das Handeln und an sich Objektive (absolut betrachtet als Geschichte) dem Allgemeinen unterliegt, zeichnet sich das Drama dadurch aus, dass in ihm beide Komponenten: das Allgemeine und Besondere bzw. das Subjektive und Objektive, Gestaltung finden. Gemäß diesem Zusammenspiel, in dem auf das menschliche Handeln bezogen der Konflikt zwischen Freiheit und Notwendigkeit zum Ausdruck gebracht wird, beansprucht das Drama in der Gattungshierarchie den höchsten Rang. „Im lyrischen Gedicht ist ein Widerstreit, aber selbst bloß ein subjektiver; es kommt überhaupt nicht zum objektiven Conflikt mit der Nothwendigkeit. Im epischen Gedicht herrscht nur die Nothwendigkeit". Im Drama hingegen ist „ein wirklicher und demnach objektiver Widerstand beider, der Freiheit und der Nothwendigkeit, da [...], und zwar so, daß beide als solche erscheinen." (Schelling 1984, 340) Die in den *Philosophischen Briefen über Dogmatismus und Kritizismus* (1795) erörterte Frage, „wie die griechische Vernunft die Widersprüche ihrer Tragödie ertragen konnte" (Schelling 1979, 260; zum frühen Schelling vgl. Szondi 1974, 189ff., u. Jantzen 1998), wird unter Berücksichtigung des im Drama ausgetragenen Konflikts zwischen Freiheit und Notwendigkeit in der

Weise beantwortet, dass in beider Streit auch ihre Versöhnung angelegt sein muss. Voraussetzung dafür sei ein schuldlos-schuldiger Held, der aus freien Stücken die aus der Notwendigkeit resultierende Strafe übernehme. In den *Briefen* wird dieser Fall – bezeichnend für die Kanonizität, die dieser Text gerade für die Dramentheorie um 1800 gewann – am Beispiel des *Ödipus* veranschaulicht:

> Ein Sterblicher, vom Verhängniß zur Schuld und zum Verbrechen bestimmt, selbst wie Oedipus gegen das Verhängnis kämpfend, die Schuld fliehend, und doch fürchterlich bestraft für das Verbrechen, das ein Werk des Schicksals war [...]. Der Held mußte gegen das Verhängniß kämpfen, sonst war überhaupt kein Streit, keine Aeußerung der Freiheit; er mußte in dem, was der Nothwendigkeit unterworfen ist, unterliegen, aber um die Nothwendigkeit nicht überwinden zu lassen, ohne sie zugleich zu überwinden, mußte der Held auch für diese – durch das Schicksal verhängte – Schuld freiwillig büßen. Es ist der größte Gedanke und der höchste Sieg der Freiheit, willig auch die Strafe für ein unvermeidliches Verbrechen zu tragen, um so im Verlust seiner Freiheit selbst eben diese Freiheit zu beweisen, und noch mit einer Erklärung des freien Willens unterzugehen. (Schelling 1984, 347f.)

Schelling leitete seine Überlegungen zum Drama unmittelbar aus der Tragödie ab, ohne dass damit die Komödie als dramatische Untergattung unberücksichtigt geblieben wäre. Denn wenn das Drama notwendigerweise aus dem Konflikt zwischen Freiheit und Notwendigkeit hervorgehe, sei damit noch lange nicht festgelegt, „auf welcher Seite die Freiheit, und auf welcher die Nothwendigkeit liege." Erscheint die Notwendigkeit als Äußerungsform des Subjektiven und die Freiheit im Objektiven, so handelt sich es sich um eine Komödie: als „Umkehrung des Verhältnisses", wie sie kennzeichnend für die Tragödie ist. Dadurch, dass in der Komödie einerseits „die Nothwendigkeit im Subjekt" als „affektirte Absolutheit" entlarvt wird, andererseits „die Nothwendigkeit den Schein der Freiheit" annimmt, wird die „Furcht vor der Nothwendigkeit des Schicksals" aufgehoben und so das „rein[e] Wohlgefallen" bzw. das „Komische" ermöglicht. Gerade jedoch weil die subjektive Notwendigkeit nur eine angenommene ist, geht sie am Ende zugrunde und stellt damit mittelbar die aus der Tragödie bekannte Einsicht unter Beweis, dass sich die Notwendigkeit auf ihrem Gebiet nicht überwinden lässt. Schelling sieht sich dadurch veranlasst, in der Komödie zugleich auch „die höchste

Tragödie" verwirklicht zu sehen (Schelling 1984, 362ff.; vgl. hierzu auch Profitlich 1998, 118ff.).

In der Kunstphilosophie Schellings gerät die Geschichtlichkeit der Dichtarten aufgrund seines identitätsphilosophischen Ansatzes nicht oder nur unmaßgeblich in den Blick. Das unterscheidet ihn grundsätzlich von Schiller, Hölderlin, Schlegel und insbesondere von Georg Wilhelm Friedrich Hegel. Wie bei keinem anderen zuvor kommt es bei Hegel zu einer engen Verzahnung von geschichtlicher und gattungspoetischer Betrachtungsweise, was nicht zuletzt auf den Umstand zurückzuführen ist, „daß er seine Analyse der Weltgeschichte zum Ausgangspunkt seiner Aussagen über Kunst macht, so deren geschichtsphilosophische Bestimmung begründet und erst daraus etwaige Wirkungsziele und Kunstregeln ableitet." (Galle 1980, 260) In seinen vermutlich erstmals in Heidelberg 1817/18, nachweislich aber in Berlin 1820/21 (u. ö.) gehaltenen *Vorlesungen über die Ästhetik* (posthum 1835-38 veröffentlicht) unterscheidet Hegel der Entwicklung nach zwischen einer symbolischen, klassischen und romantischen Kunstform und ordnet sie in einen zeitlichen Prozess ein, den er als Suchen, Finden und Überschreiten des Schönen beschreibt: „In dieser Weise *sucht* die symbolische Kunst jene vollendete Einheit der inneren Bedeutung und äußeren Gestalt, welche die klassische in der Darstellung der substantiellen Individualität für die sinnliche Anschauung *findet* und die romantische in ihrer hervorragenden Geistigkeit *überschreitet*." (Hegel 1970, XIII 392) Ihre Vollendung findet das Schöne in der klassischen Kunst der Griechen. Sie ist Hegel zufolge das ästhetische und nachfolgend nicht mehr eingeholte Maß der Dinge. Ihr vor allem gilt sein Interesse auch in Bezug auf die Dichtung, der er in seiner triadisch strukturierten und an der zunehmenden Vergeistigung des Materials ausgerichteten Epochensystematik (mit der Architektur als symbolischer, der Skulptur als klassischer und der Musik und Malerei als romantischer Kunstform) eine besondere Bedeutung zuweist. In geheimer Konkurrenz zur griechischen Skulptur (vgl. Geisenhanslüke 2003, 22) wird die Poesie von Hegel als die geistigste aller Künste begriffen, als „*Totalität*, welche die Extreme der *bildenden* Künste und der *Musik* auf einer höheren Stufe, in dem Gebiete der geistigen Innerlichkeit selber, in sich vereinigt." (Hegel 1970, XV 224)

Als Kunstart, die allen Epochen angehört, entzieht sich die Poesie der historischen Einteilung. An ihre Stelle tritt die gattungstheoretische Unterscheidung zwischen Epos, Lyrik und Drama, wobei das Drama, indem es „die Objektivität des Epos mit dem subjektiven Prinzip der Lyrik in sich vereinigt", als Vollendung der Poesie wie der Kunst insgesamt zu gelten habe: „Das Drama muß, weil es seinem Inhalte wie seiner Form nach sich zur vollendetesten Totalität ausbildet, als die höchste Stufe der Poesie und der Kunst überhaupt angesehen werden." (Hegel 1970, XV 474) Analog zur Vorrangstellung, die Hegel der klassischen Kunstform einräumt, sieht er in der griechischen Tragödie und hier vor allem in der sophokleischen *Antigone* das Ideal am reinsten verwirklicht. Das hat Konsequenzen vor allem hinsichtlich der Einordnung des modernen (romantischen) Dramas, das Hegel nicht zuletzt infolge seiner einseitigen Ausrichtung an der klassischen Kunstform als defizitär einstuft. Was der antiken Tragödie noch zum Vorteil gereicht, dass sie nämlich im Gegensatz zum Epos das subjektive Moment in sich aufgenommen hat, ist dem modernen Drama insofern, als in ihm das „Prinzip der Subjektivität" (Hegel 1970, XV 555) die Oberhand gewinnt, als Nachteil auszulegen. Das Drama der Antike war noch imstande, Geschichte zu repräsentieren, während das Drama der Neuzeit Wirklichkeit lediglich in partialisierten Erscheinungsformen zu vergegenwärtigen vermag. Hegels Bestimmung der modernen Dichtung ist selbst ein Reflex auf die als zerrissen empfundene Moderne, zu dem sich sein Dogma vom Vergangenheitscharakter der Kunst (vgl. Hegel 1970, XIII 25) komplementär verhält. Das im „*Nach* der Kunst" sich ausprägende Bedürfnis des Geistes, „sich nur in seinem eigenen Innern als der wahren Form für die Wahrheit zu befriedigen" (Hegel 1970, XIII 142), ist grundsätzlich Ausdruck der für die Moderne bestimmenden Reflexivität, die zur Überwindung der Tragödie bzw. zu deren (Selbst-)Überführung in die Komödie beigetragen hat (vgl. Ch. Menke 1999, 18). Das intakte Zusammenspiel zwischen Allgemeinheit und Sittlichkeit auf der einen und Subjektivität und Individualität auf der anderen Seite, das noch für die antike Komödie charakteristisch war, ist in der modernen Komödie aus dem Gleichgewicht geraten, weil die mit sich selbst zufriedene „absolute Subjektivität" sich nicht mehr „mit dem Objektiven und Besonderen einigt und sich das Negative dieser Auflösung in dem Humor der Komik zum Bewußtsein bringt." In der Komödie feiert so das autonome Subjekt zwar Hochstand, sie führt aber zugleich die „Auflösung der Kunst" herbei (Hegel 1970, XV 572).

Die Vorstellung vom Ende der Kunst (vgl. hierzu Geulen 2002) ist bei Hegel eng mit dem Ablösungsvorgang der Tragödie durch die Komödie verbunden. In ihr setzt sich, als Symptom der Moderne, Reflexivität durch. Kunst lädt zur denkenden Betrachtung ein, nicht aber zu dem Zweck, sie „wieder hervorzurufen, sondern, was die Kunst sei, wissenschaftlich zu erkennen." (Hegel 1970, XIII 26) Die Ästhetik Friedrich Nietzsches nimmt, so wie sie in seinem frühen Kunstentwurf der *Geburt der Tragödie aus dem Geiste der Musik* (1872) vorliegt, dazu einen genau entgegengesetzten Standpunkt ein. Nietzsche hält zwar am Paradigma der griechischen Tragödie fest und begreift wie Hegel ihren Verfall als eine Art der Selbstauflösung in die Komödie (vgl. Ch. Menke 1999, 20), aber sein ästhetisches Interesse bleibt in letzter Konsequenz nicht auf die Kunst der Antike beschränkt, sondern gilt auch ihrer „Fortentwicklung" (Nietzsche 1999, I 25) in der Moderne und ganz besonders – zumindest bis zu seiner Abkehr von dem hochgeschätzten Komponisten früher Jahre – dem Opernwerk Richard Wagners. In seinen Musikdramen finde die historische Form der Tragödie ihre Nachfolge und Vollendung.

Nietzsches Ästhetik und mit ihr seine Hochbewertung des wagnerschen Œuvre basiert im Wesentlichen auf der zu seiner Zeit nicht mehr neuen, aber durch ihn berühmt gewordenen Vorstellung von der „Duplicität des Apollinischen und des Dionysischen" (Nietzsche 1999, I 25; vgl. hierzu Latacz 1994, 486ff.). Unter den Namen der griechischen Götter subsumiert er zwei sich widerstreitende Grundprinzipien und -triebe der Kunst, die damit auf ihren Ursprung und ihre Entwicklung in der griechischen Kunst zurückprojiziert werden. Mit dem Apollinischen verbindet Nietzsche eine bildhaft-plastische Kunsttendenz, deren Formstrenge und Klarheit das Gegengewicht bildet zum Übermaß und zur Abgründigkeit der musikalischen Kunsttendenz, die er dem Dionysischen zuordnet. Diese spannungsreiche Grundstruktur griechischer Kunst prägt sich erstmals im homerischen Epos aus, ehe sie in der attischen Tragödie in ein Gleichgewicht gebracht ist, das noch (oder erst recht) Mustergültigkeit für das Musikdrama Wagners besitzt: „Dionysus redet die Sprache des Apollo, Apollo aber schließlich die Sprache des Dionysus: womit das höchste Ziel der Tragödie und der Kunst überhaupt erreicht ist." (Nietzsche 1999, I 141) Nietzsches Hauptthese, „dass die Tragödie aus dem tragischen Chore entstanden" sei (Nietzsche 1999, I 52), steht dabei im unmittelbaren Zusammenhang mit dem ontologischen Primat, das er dem Dionysischen als Urgrund des Apollinischen einräumt. Denn insofern das mélos, in dem nach antikem Verständnis Lyrisches und Musikalisches zusammenfallen, Urphänomen ist und nach Nietzsches spekulativer Sprachkonzeption den Möglichkeitsgrund des Zeichens bildet, ist der Chor der dramatischen Handlung vorgeordnet. „Das Wesen des Dramas liegt damit so wenig im Text wie das der Oper im Libretto: es ist primär lyrisches Ereignis." (Schmid 1995, 152) Dadurch, dass Nietzsche dem Chor in der Tragödie eine große Bedeutung beimisst, stellt er die

Geschichte der Gattung und ihre Entwicklung auf eine veränderte Grundlage. So sieht er im Gegensatz zu Friedrich Schlegel und Schelling bereits im Werk Aischylos' den Höhepunkt der tragischen Kunst erreicht, da mit Sophokles der Chor seine fundamentale Rolle einzubüßen und zugunsten des Schauspielers in den Hintergrund zu rücken beginne. „Jene Verrückung der Chorposition, welche Sophokles jedenfalls durch seine Praxis und, der Ueberlieferung nach, sogar durch seine Schrift anempfohlen hat, ist der erste Schritt zur Vernichtung des Chors, deren Phasen in Euripides, Agathon und der neueren Komödie mit erschreckender Schnelligkeit auf einander folgen." (Nietzsche 1999, I 95) Dass der endgültige Verfall der Tragödie mit Euripides einsetzte, schreibt Nietzsche einer als Sokratismus bezeichneten Tendenz zu, mit der die Musik der erzählenden Sprache und Dialektik (Philosophie) weichen musste. Sie sorgte dafür, dass die durch ihren Ur-Vater Sokrates eingebürgerte rationalistische Methode Einzug in das dramatische Kunstwerk erhielt und damit das dionysische Element in der Tragödie überformte. „Euripides war in gewissem Sinne nur Maske: die Gottheit, die aus ihm redete, war nicht Dionysus, auch nicht Apollo, sondern ein ganz neugeborner Dämon, genannt Sokrates. Dies ist der neue Gegensatz: das Dionysische und das Sokratische, und das Kunstwerk der griechischen Tragödie ging an ihm zu Grunde." (Nietzsche 1999, I 83; vgl. hierzu auch den Vortrag *Socrates und die Tragödie*, I 533ff.) An die Wiederbelebung des Dionysischen in Form der Musikdramen Richard Wagners knüpfte Nietzsche daher nicht nur (zeitweise) die Hoffnung auf die Wiedergeburt eines neuen tragischen Mythos, sondern auch auf die ästhetische Domestizierung des die Moderne bestimmenden abendländisch-sokratischen Vernunftparadigmas.

5. Theorie in Zeiten der Krise
Von Benjamin bis Heiner Müller

Wie das Drama als Gattung, so gerät nach Peter Szondi auch die Philosophie des Tragischen um 1900 in eine Krise. „Sie gleicht dem Flug des Ikaros. Denn je näher das Denken dem generellen Begriff kommt, umso weniger haftet an ihm das Substantielle, dem es den Aufschwung verdankt." (Szondi 1961, 53) Auf dieses Problem antwortete Walter Benjamin mit seiner Schrift *Ursprung des deutschen Trauerspiels* (1928), indem er sein Hauptaugenmerk nicht auf die Philosophie des Tragischen, sondern auf die geschichtsphilosophische Bestimmung der Tragödie richtete. An der *Geburt der Tragödie* kritisierte er dementsprechend den Absolutheitsanspruch des Ästhetischen gerade auch mit Blick auf den griechischen Mythos, da mit dem Verzicht auf dessen geschichtsphilosophische Erkenntnis „die Emanzipation von der Schablone einer Sittlichkeit, die man dem tragischen Geschehen aufzulegen pflegte, teuer erkauft" worden sei (Benjamin 1978, 83; vgl. hierzu Pfotenhauer 1985). Statt sich wie Nietzsche von dem Gedanken einer Wiederbelebung der Tragödien-Tradition leiten zu lassen, insistierte Benjamin auf der Besonderheit und Einmaligkeit der Gattung bzw. darauf, dass kein geschichtsübergreifendes Gattungsmodell möglich sei (vgl. B. Menke 2006, 212ff.). Zwischen antiker und moderner oder, nach dem Vorbild Franz Rosenzweigs, zwischen alter und neuer Tragödie zu unterscheiden (vgl. Benjamin 1978, 93f.), führte aus seiner Sicht nicht nur zur begrifflichen Verwischung des historischen Sachgehalts, sie stand auch dem Anliegen einer als kritisch verstandenen Literaturtheorie im Wege, die geschichtsphilosophische und erkenntnistheoretische Dimension eines Kunstwerks aufzuzeigen. Benjamin unterschied daher zwischen Tragödie und Trauerspiel; und sofern seine Abhandlung auf nichts anderes zielte als auf die Darstellung der „Idee" (Benjamin 1978, 20) des Trauerspiels, ist sie in der Tat reine „Explikation" dieses Namens bzw. die „anamnetisch-restaurierende Entzifferung dessen, was – ‚ursprünglich' – im Namen ‚Trauerspiel' aufbewahrt ist." (Schings 1988, 669f.)

Gegenstand der Tragödie ist nach Benjamin der Mythos, ihr Hauptgedanke die Opferidee. Menschheitsgeschichtlich auf einer Entwicklungsstufe angesiedelt, wo es zur Ablösung von der „dämonischen Weltordnung" kommt, besinnt sich der heidnische Mensch in der Tragödie, „daß er besser ist als seine Götter, aber diese Erkenntnis verschlägt ihm die Sprache." Als

Signum seiner Unmündigkeit und Infantilität bleibt er stumm. „Nur seiner Physis, nicht der Sprache dankt er, wenn er zu seiner Sache halten kann und daher muß er es im Tode tun." (Benjamin 1978, 89ff.) Aus diesem Vorgehen des tragischen Helden ergibt sich zweierlei: Zum einen setzt es das göttliche Recht des Sühneopfers außer Kraft, zum anderen ist in seinem Tod eine Art stellvertretende Handlung zu sehen, „in welcher neue Inhalte des Volkslebens sich ankündigen." An seinem Schicksal orientieren sich neue Generationen und erlernen „ihre Sprache" (Benjamin 1978, 87 u. 95). Im Trauerspiel haben demgegenüber die Figuren ihre Sprache längst gefunden; sein Gegenstand ist jedoch nicht mehr der Mythos, sondern die Geschichte. Es ist die Geschichte nach dem Verlust des göttlichen Heilsplans, den die mittelalterliche *ordo*-Vorstellung noch versprochen hatte. Durch den Verlust mit der menschlichen Vergänglichkeit konfrontiert und auf die Trostlosigkeit der irdischen Verfassung verwiesen, sind die Dramen im wahrsten Sinne des Wortes Spiele der Trauer, wobei Benjamin das Trauerspiel nicht so sehr als Spiel begreift, „das traurig macht, als jenes, über dem die Trauer ihr Genügen findet: Spiel vor Traurigen." Neu belebt sich daher die „entleerte Welt" unter dem Blick der Trauer, die im Melancholiker als Verkörperung des barocken Gemütszustandes ihre analoge Ausprägung findet. „Die Theorie der Trauer, wie sie als Pendant zu der von der Tragödie absehbar sich zeigte, ist demnach nur in der Beschreibung jener Welt, die unterm Blick des Melancholischen sich auftut, zu entrollen." (Benjamin 1978, 100 u. 120; vgl. hierzu Steiner 1992) Der Bezug auf das barocke Trauerspiel ist jedoch, worauf mehrfach hingewiesen wurde, zu eng gefasst und wohl auch von Benjamin in der Form nicht intendiert gewesen. Denn da er selbst das Trauerspiel „mit Arten des Dramas von Calderon bis Strindberg" (Benjamin 1978, 94) in Verbindung brachte, ist zu vermuten, dass er es als einzige angemessene nachantike Form der Tragödie auszumachen versuchte (vgl. Schings 1988, 670; Lehmann 2002, 1867). Jedenfalls wird dadurch plausibel, warum er später sogar das epische Theater Brechts bzw. dessen untragischen Helden einer an das mittelalterliche Mysterien- und barocke Trauerspiel anknüpfenden Traditionslinie zuordnete (vgl. *Was ist das epische Theater?*).

Einer solchen Zuordnung dürfte Bertolt Brecht nicht oder nur in Ansätzen widersprochen haben. Dass seine Theaterkonzeption in vielfacher Hinsicht der Dramen- und Theatertradition verpflichtet war, ist von ihm selbst häufig genug bestätigt worden. Wenn dennoch von Brechts „Einzigartigkeit" (R. Grimm 1995, 13) die Rede ist, so bezieht sich das zum einen auf seine in Personalunion vertretene Arbeit als Theoretiker und Praktiker des Dramas ebenso wie der Bühne, zum anderen auf seine durch einen sehr persönlich verstandenen Marxismus fundierte Dramen- und Aufführungstheorie, die in sich „ein vollständiges Theatergebäude“ (Kesting 1989, 57) darstellt. Gerade aber ihrer ideologischen Ausrichtung wegen ist Brechts Dramentheorie immer auch im Zusammenhang mit seinem Kunstverständnis insgesamt zu betrachten. Denn insofern die Kunst aus seiner Sicht einen politischen Auftrag zu erfüllen hat und über bestehende gesellschaftliche Missstände aufklären sowie Perspektiven ihrer Überwindung aufzeigen soll, hat das Theater Methoden zu ersinnen, die der Vorbereitung und Initiierung politischen und gesellschaftlichen Handelns dienen.

Da Brecht seine dramatische und bühnenpraktische Arbeit seit 1919 kontinuierlich mit Kritiken und theoretischen Überlegungen begleitete, liegt dazu eine kaum überschaubare Zahl mitunter fragmentarisch gebliebener Schriften und Aufzeichnungen vor. Er gehört zweifelsohne zu den produktivsten Theoretikern in der Geschichte der Gattung überhaupt. Für das Verständnis dessen, was er in der Genese seiner Theorie mal als episches Theater, mal als anti- bzw. nichtaristotelische Dramatik oder dialektisches Theater bezeichnete, gelten jedoch seine *Anmerkungen zur Oper „Aufstieg und Fall der Stadt Mahagony“* (1930), die im Exil entstandenen Beiträge *Verfremdungseffekte in der chinesischen Schauspielkunst* (1935), *Vergnügungstheater oder Lehrtheater* (1936), *Die Straßenszene* (1938), *Über experimentelles Theater* (1939) und der *Messingkauf* (1939-42) sowie der aus der Nachkriegszeit stammende Grundlagentext *Kleines Organon für das Theater* (1949) als wesentlich. Das Neue am Ansatz der brechtschen Dramentheorie besteht nicht so sehr in der Übertragung des Epischen auf das Drama; epische Elemente im Drama sind so alt wie dessen Geschichte selbst. Neu ist vielmehr, dass er die epische Form als konstitutive Qualität des Dramas begreift, weil mit ihr „die neuen Stoffe, die sehr komplizierten Vorgänge der Klassenkämpfe im Augenblick ihrer entsetzlichsten Zuspitzung, auf solche Art leichter zu bewältigen“ und „die gesellschaftlichen Verhältnisse in ihren kausalen Zusammenhängen“ (Brecht 1997, VI 300) eher darzustellen seien. Der Begriff des epischen Theaters fungiert dabei von Anfang an als Kampfbegriff gegen das bürgerliche respektive aristotelische Theater (vgl. das Oppositionsschema in den *Anmerkungen zur Oper „Aufstieg und Fall der Stadt Mahagony“*, Brecht 1997, VI 106f.). Brechts Kritik entzündet sich vor allem an den aus der aristotelischen Katharsis-Lehre hergeleiteten Prinzipien der Identifikation und des Mitleids, die sich im bürgerlichen Theater eher lähmend als aktivierend auf die Zuschauer auswirkten und deren

Aufmerksamkeit von den tatsächlichen gesellschaftlichen Macht- und Missverhältnissen abzögen. „Die Darstellungen des bürgerlichen Theaters gehen immer auf die Verschmierung der Widersprüche, auf die Vortäuschung von Harmonie, auf die Idealisierung aus." (Brecht 1997, VI 631) Statt sich mit dem Schicksal des Helden zu identifizieren, ist der Zuschauer, damit er analytisch an das Geschehen herangeht und den Kausalnexus der dargestellten Dinge erkennt, auf Distanz zu ihnen zu bringen. Distanz wird durch die epische Form des Stückes erzielt. Indem die Bühne erzählt und sich so einer deutenden Vermittlungsinstanz bedient, wird die Illusion der dargestellten Welt immer wieder durchbrochen. Der Zuschauer soll auf diese Weise nicht auf die dramatische Handlung fixiert bleiben, sondern in eine Position der Beobachtung und Urteilsbildung gebracht werden. Eine entscheidende Aufgabe maß Brecht in dieser Hinsicht dem Verfahren der Verfremdung bei. Neben der Auslegung der Fabel sah er in deren „Vermittlung durch geeignete Verfremdung" das „Hauptgeschäft des Theaters" (Brecht 1997, VI 549) begründet. Entscheidend für das der Verfremdung zugrunde liegende Begriffsverständnis Brechts ist der daran geknüpfte Prozess dialektischer Erkenntnis. Das Vertraute soll nämlich in einem fremden und fragwürdigen Licht erscheinen, damit sich darüber ein neues Verstehen einstellt („Häufung der Unverständlichkeit, bis Verständnis eintritt." Brecht 1967, XV 360). Im Verfahren der Verfremdung wird so der dialektische Erkenntnisprozess von der künstlerischen Produktion auf die Rezeption durch das Publikum mit dem Ziel der politischen Wirkung ausgedehnt.

Das Mittel, mit dem die Verfremdung herbeigeführt werden soll, bezeichnet Brecht als „Verfremdungseffekt" oder „V-Effekt" (Brecht 1997, VI 535). „Er kann definiert werden als künstlerisches Verfahren zur Aufdeckung der gesellschaftlichen Widersprüche (dialektisierte Vermittlung und Rezeption). V.s-Effekte bestimmen im selben Maße Sprachform, Dialogführung und Dramenbau (in Gestalt einer strikt auktorial bestimmten Kommentarebene im Stück) wie dann auch die Spielweise der Schauspieler oder die Elemente der Inszenierung" (Buck 2001, 1160). Ausgestattet mit einer schier unendlichen Fülle dramaturgischer und szenischer Einfälle, wollte Brecht mit Hilfe der V-Effekte und in Abgrenzung zur traditionellen Illusionsbühne ästhetische Anschauungsmodelle der Realität vorführen, um einerseits die in ihr aufgehobenen gesellschaftlichen Antagonismen zu demonstrieren, andererseits aber auch ihre Veränderbarkeit zu betonen. Ziel eines solchen Vorgehens sollte in letzter Konsequenz sein, aus dem Zuschauer den „große[n] Änderer" zu machen, „der die Welt nicht mehr nur hinnimmt, sondern sie meistert. Das Theater versucht nicht mehr, ihn besoffen zu machen, ihn mit Illusionen auszustatten, ihn die Welt vergessen zu machen, ihn mit seinem Schicksal auszusöhnen. Das Theater legt ihm nunmehr die Welt vor zum Zugriff." (Brecht 1997, VI 419) Das epische Theater, so wie Brecht es verstand, war daher Aufklärungs- und Lehrtheater in einem: ein Theater, das sich selbst und die Welt, die es spiegelt, verändern sollte.

Mit seiner Konzeption und Umsetzung des epischen Theaters avancierte Brecht zu einem der einflussreichsten Dramatiker und Dramentheoretiker des 20. Jahrhunderts. Die Beschäftigung mit Drama und Theater ist nach 1945 ohne die Bezugnahme auf sein Werk, ob in Übereinstimmung oder in Abgrenzung dazu, kaum denkbar. Auch Peter Szondis wirkungsmächtige *Theorie des modernen Dramas* (1956; vgl. Berghahn 2009), seine Auffassung, dass mit dem Einzug des Epischen in das Drama dessen Krise ausgelöst worden sei (vgl. Szondi 1963, 13), bildet in dieser Hinsicht keine Ausnahme und ist nur im Lichte der brechtschen Einflusssphäre angemessen zu würdigen. Unter den Dramatikern war der Weg zu einer eigenen Ästhetik nicht selten dadurch gekennzeichnet, dass die ursprüngliche Anlehnung sukzessive einer kritischen Position wich – eine Entwicklung, die sich in der unmittelbaren Nachkriegszeit im Werk Friedrich Dürrenmatts zeigt und bis zum postdramatischen Theater Heiner Müllers verfolgt werden kann. Distanzierung ist bei beiden Voraussetzung ihrer Produktivität und Innovation, wobei Dürrenmatt sich dadurch schon früh den Ruf des großen Antipoden Bertolt Brechts erworben hat. Das spiegelt sich in der Bedeutung, die seiner Dramentheorie allgemein zugesprochen wird, durchaus wider. Denn sie gilt „nach Brechts Theorie vom epischen Theater" als eine der „bedeutendsten Theorien des deutschsprachigen modernen Dramas" (Andreotti 1996, 279).

Dass Dürrenmatts Dramenkonzeption eher werk- als wirkungsästhetisch ausgerichtet ist, hat wesentlich mit ihrem fehlenden politischen Praxisbezug zu tun. Während Brecht davon ausging, dass sich Welt durch das Theater verändern lasse, zog Dürrenmatt dessen Wirkungsmöglichkeiten grundsätzlich in Zweifel. „Die Bühne", heißt es in dem für seine Gattungstheorie maßgeblichen Essay *Theaterprobleme* (1955), „stellt für mich nicht ein Feld für Theorien, Weltanschauungen und Aussagen, sondern ein Instrument dar, dessen Möglichkeiten ich zu kennen versuche, indem ich damit spiele." (Dürrenmatt 1966, 92) Der Begriff des Spielens ist wörtlich zu nehmen. Er betont den Konstruktionscharakter des um sich selbst kreisenden Theatergeschehens, „das die Frage nach Begründung von Sinn in sinnloser Welt stellt" (Greiner 2006, 453), um schließlich von dem Zuschauer – einmal als Spiel erkannt – wieder in den Raum des Dramas zurückverwiesen zu werden. Was zunächst wie *l'art pour l'art* aussieht, ist der politisch begründeten Einsicht in das Undurchdringliche und Chaotische der modernen Welt geschuldet. Sie bildet auch die Grundlage seiner gattungstheoretischen Überlegungen, die in das Plädoyer für die Komödie münden. „Schiller schrieb so, wie er schrieb, weil die Welt, in der er lebte, sich noch in der Welt, die er schrieb [...], spiegeln konnte." Die heutige Welt, dominiert von „Weltmetzgern" und „Hackmaschinen", sei dagegen zu vielschichtig, komplex und monströs geworden, als dass man aus „Hitler und Stalin" noch „Wallensteine" machen könne. Einen tragischen Helden, auf den sich die Geschichte fixieren lässt, gibt es nicht mehr. Der als dissoziiert erfahrenen Wirklichkeit könne man allein noch mit den Mitteln der Komödie Herr werden. „Uns kommt nur noch die Komödie bei", lautet dazu die einprägsame und vielfach zitierte Formulierung der *Theaterprobleme*:

> Die Tragödie, als die gestrengste Kunstgattung, setzt eine gestaltete Welt voraus. Die Komödie – sofern sie nicht Gesellschaftskomödie ist wie bei Molière – eine ungestaltete, im Werden, im Umsturz begriffene, eine Welt, die am Zusammenpacken ist wie die unsrige. (Dürrenmatt 1966, 119ff.)

Aufgabe des Komischen ist nach Dürrenmatt, dem Gestaltlosen eine Gestalt zu geben, nachdem der Tragödie dazu per definitionem und historisch die Möglichkeiten abhandengekommen sind. Gestalt heißt jedoch nicht, das Chaos in eine Struktur bzw. in ein System zu zwingen, sondern es in seiner „Ungestalt" abzubilden. Die Ungestalt findet ihren adäquaten Ausdruck in der Groteske. Als „sinnliches Paradox" ist die Groteske eine Spielart der Verfremdung; sie soll die Distanz zum Dargestellten fördern, während die Tragödie, indem sie Distanz überwindet, genau ein gegenläufiges Ziel verfolgt. Unübersehbar knüpft Dürrenmatt mit dem Begriff der Distanz an Vorstellungen Brechts an. Das Mittel, „mit dem die Komödie Distanz schafft", nennt er jedoch nicht epische Form, sondern „Einfall": zum einen verstanden als Erfindung (*inventio*), womit er das aristotelische Differenzkriterium aufgreift, dass die Komödie im Gegensatz zur Tragödie erfundene und nicht durch Mythos und Geschichte beglaubigte Stoffe darstellen soll; zum anderen verstanden als Einbruch von etwas Außerordentlichem in das Geschehen, von Handlungen, die (im Sprachgebrauch der *Theaterprobleme*) wie „Geschosse" in die Welt fallen. Die mit der Dramaturgie des Einfalls vorgenommene Abgrenzung von der Tragödie hat indes nicht zur Folge, dass Dürrenmatt die Möglichkeit des Tragischen geleugnet hätte, zumal er sie nicht als Gattung, sondern ihre zeitliche Angemessenheit in Frage stellte. Ziel war es vielmehr, das Tragische aus der Komödie heraus zu erzielen, es hervorzubringen „als einen schrecklichen Moment, als einen sich öffnenden Abgrund." (Dürrenmatt 1966, 119ff.)

Seine Theorie der Komödie ist in ihrer konsequenten Reflexion auf den Negativ-Sinn, den sie erzeugt, eine Poetik des Tragikomischen und daher Fortschreibung ihrer modernen, durch Lenz begründeten Gattungstradition. Das gilt selbst mit Blick auf das Groteske, wenn auch mit der Einschränkung, dass bei Lenz die Lust an der Katastrophe noch durch den aufklärerischen Impetus seine Dramaturgie domestiziert war. Bei Dürrenmatt wird sie hingegen bis zu dem Punkt gedacht, wo sie, als Paradox der Form untergeschoben, im Begriff steht, die Selbstauflösung der Gattung nach sich zu ziehen. „Die schlimmstmögliche Wendung, die eine Geschichte nehmen kann", heißt eine entsprechende Formulierung in den *Dramaturgischen Überlegungen zu den ‚Wiedertäufern'*, „ist die Wendung in die Komödie." (Dürrenmatt 1972, 164)

Ungeachtet der Eigenständigkeit, die man der Komödienpoetik Dürrenmatts attestieren muss, ungeachtet auch der zuweilen polemisch zugespitzten Kritik, die er gegen Brecht vorbrachte („Brecht denkt unerbittlich, weil es an vieles unerbittlich nicht denkt." Dürrenmatt 1966, 124), ist dessen Einfluss auf die theoretische und literarische Arbeit des Schweizers unverkennbar. Dass wir es hier mit keinem Einzelfall zu tun haben, wurde bereits angesprochen: Wer sich nach 1945 mit dem Theater beschäftigte, ging, ob er wollte oder nicht, durch die Schule Brechts. So jedenfalls hat es Heiner Müller, in Bestimmung seiner Position zu dem Vorbild früher Jahre, beschrieben: „[I]ch setze den Brecht immer voraus. [...] Und es ist vielleicht selbstverständlich geworden, daß man manchmal gar nicht mehr weiß, was man alles von Brecht übernommen hat." (Müller 1996, I 33) Heiner Müllers kontinuierliche Bezogenheit auf Brecht bezeugt freilich, dass der von ihm selbst maßgeblich in Gang gebrachte Prozess der „Ent-Dramatisierung" (Eke 2002, 308), den man für das deutsche Theater seit den 1960er Jahren beobachten kann, nicht im Sinne einer radikalen Abgrenzung vom traditionellen Theater verläuft, sondern auf es verwiesen bleibt. Und zum traditionellen Theater wird aus heutiger Perspektive auch das Werk Bertolt Brechts gerechnet: „Was Brecht leistete, kann nicht mehr einseitig als revolutionärer Gegenentwurf zum Überkommenen verstanden werden. Mehr und mehr tritt im Licht der neuesten Entwicklung hervor, daß in der Theorie des epischen Theaters eine

Erneuerung und Vollendung der klassischen Dramaturgie stattfand. In Brechts Theorie steckte eine höchst traditionalistische These: die *Fabel* blieb ihm das A und O des Theaters. Von der Fabel her aber läßt sich der entscheidende Teil des neuen Theaters der 60er bis 90er Jahre, ja läßt sich nicht einmal die *Text*form verstehen, die die Theaterliteratur (Beckett, Handke, Strauß, Müller...) angenommen hat. Das postdramatische Theater ist ein *post-brechtsches Theater*." (Lehmann 1999, 48) Die Frage, ob umgekehrt das post-brechtsche auch ein postdramatisches Theater wäre, müsste in einem anderen Zusammenhang behandelt werden. Im Falle Heiner Müllers jedenfalls bleibt festzuhalten, dass er, von Brecht kommend („Ich habe da angefangen, wo Brecht aufgehört hat." Müller 1996, I 129; vgl. auch Weitin 2003), eine Dramaturgie vertritt, die als exemplarisch für die Ausprägung und Entwicklung der Theaterästhetik seit den späten 1960er Jahren gilt (vgl. Heimböckel 2005, 49). Eine in sich geschlossene, systematische Abhandlung zum Drama liegt von ihm allerdings nicht vor. Man ist in dieser Beziehung auf seine unzähligen verstreuten, häufig nur sporadisch geäußerten Ansichten etwa in Interviews und Gesprächen angewiesen, die zusammengenommen jedoch eine Art programmatisches Gerüst bzw. Grundzüge seiner dekonstruktivistischen Dramaturgie (vgl. Eke 1999, 51) ergeben.

Gehorchten Müllers frühe Lehr- und Produktionsstücke, die sich überwiegend an der kulturellen und kulturpolitischen Praxis der DDR orientierten, eher einer diskursiven Dramaturgie, so geht mit der Hinwendung zur deutschen Geschichte Anfang der 1970er Jahre ein Prozess totaler Theatralisierung einher. Ziel ist nicht mehr, wie noch in der Parabeldramatik Brechts, den Zuschauer auf Distanz zum Geschehen zu rücken, sondern ihn förmlich mit dem, was ihm vorgeführt wird, zu überschwemmen: „Ich habe, wenn ich schreibe, immer nur das Bedürfnis, den Leuten so viel aufzupacken, daß sie nicht wissen, was sie zuerst tragen sollen, und ich glaube, das ist auch die einzige Möglichkeit. Die Frage ist, wie man das im Theater erreicht. Daß nicht, was für Brecht noch ein Gesetz war, eins nach dem anderen gebracht wird. Man muß jetzt möglichst viele Punkte gleichzeitig bringen, so daß die Leute in einen Wahlzwang kommen." (Müller 1996, I 20) Für Müller ist Brecht ebenso wie Schiller für Dürrenmatt historisch. Das hat zunächst einmal mit dessen Privilegierung der Fabel und des Weiteren mit der Didaktisierung des Dramas zu tun. Beide Aspekte: der formale und der wirkungsstrategische, bilden in den dramentheoretischen Überlegungen Müllers eine Einheit und sind nicht voneinander zu trennen. Ihr Zentrum ist die Dramaturgie der Überschwemmung. Sie setzt einerseits den Bruch mit dem Regelsystem des linearen und kausalen Dramas voraus, andererseits soll sie, statt Lehren anzubieten, die kreative Phantasie der Rezipienten freilegen und sie zur aktiven Mitarbeit an den im Stück exponierten (und ungelöst gebliebenen) Problemen bewegen. Eines ihrer wesentlichen Mittel ist die Fragmentarisierung: „[D]ie Fragmentarisierung eines Vorgangs betont den Prozeßcharakter, verhindert das Verschwinden der Produktion im Produkt, die Vermarktung, macht das Abbild zum Versuchsfeld, auf dem das Publikum koproduzieren kann. Ich glaube nicht, daß eine Geschichte, die ‚Hand und Fuß' hat (die Fabel im klassischen Sinn), der Wirklichkeit noch beikommt." (Müller 1975, 125) Der Komplexität der Wirklichkeit und der diskontinuierlichen Geschichtsentwicklung sind Formen poetischer Harmonisierung inadäquat. Darauf reagiert die Ästhetik des Fragments. Mit ihr sollen „die Desiderata und Versäumnisse des Geschichtsverlaufs, die Lücken im Fortschritt, die Hemmnisse und Rückschläge der politisch-gesellschaftlichen Entwicklung" (Keller 1994, 85) widergespiegelt und dem Zuschauer zugleich ins Bewusstsein gehoben werden. Damit das Theater als „Laboratorium sozialer Fantasie" (Müller 1975, 126) und Probebühne fungieren kann, „wo die kollektive Phantasie den Tanz der versteinerten Verhältnisse übt", reicht es jedoch nicht mehr aus, dem Zuschauer leicht verdauliche Fabeln anzubieten, zumal sie, wie das Beispiel Brechts zeigt, die „Sachen auch oft eindimensional machen" (Müller 1996, II 67 u. 54). Aufgabe des Theaters ist es vielmehr, den Zuschauer in einen Zustand der Verunsicherung und Beunruhigung zu versetzen. Das geschieht auf dem Weg der Verstehensreduktion, indem mittels Überschwemmung „die Geschichte soweit wie möglich vom Publikum" weggerückt und so „das Verständnis" erschwert wird (Müller 1996, I 152), und es geschieht – als ein zentrales Element seiner Wirkungsästhetik – durch Schrecken, da dieser nicht nur den Zuschauer in seinen emotionalen Grundfesten erschüttert, sondern sich auch nachhaltig in dessen Bewusstsein einprägt. „Die Rolle des Schreckens, glaube ich, ist nichts anderes als zu erkennen, zu lernen. [...] Es hat noch nie eine größere Gruppe von Menschen etwas gelernt ohne Erschrecken, ohne Schock." (Müller 1996, II 23) Müllers Poetik des Schreckens, zu deren Paten er ausdrücklich Antonin Artauds *Théâtre de la Cruauté* (Theater der Grausamkeit) zählt, setzt auf die wirksame Kraft negativer Impulse und glaubt von hier aus, Erfahrungsräume aufschließen zu können und Gesellschaft insgesamt „an ihre Grenze zu bringen" (Müller 1996, I 59). Sein Theater lässt sich insofern durchaus als ein Theater der Grenzerfahrung bezeichnen, als ein Theater aber auch, das selbst grenzwertig ist (vgl. Heimböckel 2003), indem es Sinn- und Wirklichkeitsdezentrierung in Permanenz betreibt.

6. Nach der Krise ist vor der Krise? Eine (kleine) Zugabe

„Die von Szondi beklagte, längst historische Debatte einer Krise, auf die die Theatergeschichte der Siebziger- und Achtzigerjahre mit der antimimetischen Zerstörung des Dramentexts respondiert, ist längst überwunden: Indem die Erfahrung der postmodernen Welt in die dramatischen Strukturen zurückgeführt wird, lassen die Autoren das Lamento vom Tod des Theaters hinter sich" (Haas 2007, 181). Darf man also nach der Überwindung der Krise – des Dramas ebenso wie seiner Theorie – mit einiger Spannung darauf warten, was die Zukunft an neuen Dramenkonzeptionen bringen wird? Schon das Wort Krise ist, ungeachtet seines Gebrauchs in dem vorliegenden Zusammenhang, nicht ganz unproblematisch angesichts der zeitlichen Kontinuität, die für sie diagnostiziert wird. Und ob bzw. inwiefern die Verabschiedung des klassischen Dramas wirklich eine Krise initiiert hat, darüber entscheidet erfahrungsgemäß nicht der Patient, sondern ihr Therapeut. Wenn man sich aber seiner Diagnose anschließt, so fragt sich, ob man nach der Überwindung der Krise allen Ernstes so tun kann, als hätte es sie nicht gegeben: dass also – sportlich gesprochen – nach der Krise vor der Krise wäre.

Dieser Eindruck stellt sich ein, wenn man die schon seit längerer Zeit andauernde Diskussion über das Für und Wider des postdramatischen Theaters verfolgt. Dabei erinnert die Unerbittlichkeit, mit der die Antipoden des postdramatischen Theaters „einen neuen Realismus" (Ostermeier [u.a.] 2000) auf der Bühne beschwören, an den Streit, der in der *Querelle des Anciennes et des Modernes* ausgefochten wurde. Solche Kämpfe gehören zweifelsohne zu den Ritualen erprobter Abgrenzungsstrategien, zu denen das nicht (mehr so) großzügig bemessene Feld der Literatur offenbar umso mehr zwingt, je mehr der Druck der Ökonomie auf den Akteuren lastet. Von dieser Warte aus entfaltet die Forderung nach einem Theater, das die Verwerfungen des sich globalisierenden Kapitalismus in Szene setzen will, durchaus ihren Charme; als neorealistisches, Handlung und Narration wieder etablierendes Programm läuft sie allerdings ästhetisch bzw. dramaturgisch Gefahr, nicht nur alten Wein in alten Schläuchen zu liefern, sondern dem neuen Geist des Kapitalismus auch noch Vorschub zu leisten, indem sie ihm freiwillig Bedenkzeit zu seiner Revitalisierung einräumt (vgl. Boltanski/ Chiapello 2006).

Wenn sich die Haltung des Realismus in dem Versuch bezeugt, „Welt zu vermitteln, wie sie ist, nicht wie sie aussieht“ (Ostermeier 2002, 13), so ist das eine Position, die literaturgeschichtlich an die Tradition des bürgerlichen Realismus im 19. Jahrhundert anschließt und dramaturgisch von dem Erbe lebt, das Jakob Michael Reinhold Lenz der Dramengeschichte hinterlassen hat. Zu diesem Erbe gehört auch, dass Gattungen im Allgemeinen und Dramen im Besonderen historisch und in ihren gesellschaftlichen Zusammenhängen betrachtet werden wollen. Nicht zuletzt daraus speist sich Lenz’ Abgrenzung vom aristotelischen Drama und insbesondere von dessen Umsetzung im Rahmen der Doctrine classique. „Aristoteles“, so Lenz, „konnte nichts anders lehren, nach den Mustern, die er vor sich hatte, und deren Entstehungsart ich unten aus den Religionsmeinungen klar machen will. Eben hier ist die unsichtbare Spitze, auf der alle herrliche Gebäude des griechischen Theaters ruhen: auf der wir aber unmöglich fortbauen können.“ (Lenz 1987, II 651f.). Die an Herder geschulte Einsicht in das Historische der Gattung findet nachfolgend in der Tragödienauffassung Schillers ihre konsequente Fortsetzung, indem er zwar mit vielen seiner Zeitgenossen die „Verehrung der Sophokleischen Tragödie“ teilt, aber diese letztendlich als „eine Erscheinung ihrer Zeit“ würdigt, „die nicht wiederkommen kann“ (Schiller 1983, 389).

Von den nachträglich durch Hegel geschichtsphilosophisch fundierten Positionen Lenz’ und Schillers ist man bis in die Gegenwart im Grunde nicht mehr abgewichen. Ganz im Gegenteil! Die Historisierung der Gattung bildet literaturgeschichtlich durchgängig die Voraussetzung ästhetischer Produktivität. Davon hat zuletzt noch das postdramatische Theater profitiert, insofern es den Prinzipien von Figuration und Narration nicht mehr folgt und stattdessen ein Theater der Performanz privilegiert. Die Gründe dafür liegen im Wesentlichen in einem gerade durch das Medienzeitalter beschleunigten Verlust eines allgemeinen Wirklichkeitsverständnisses, der mit den herkömmlichen Mitteln des Dramas nicht mehr zu bewältigen ist und aus dem das Diktum von der Wirklichkeitsferne der „Fabel im klassischen Sinn“ (Müller 1975, 125) letztendlich seine Plausibilität bezieht. In der Abgrenzung zu den Vorgängern bzw. zur Tradition, das zeigt zumindest die Dramentheorie spätestens seit Lessing, artikuliert sich durchgängig ein entschiedener Wille zur Erneuerung, sodass man die Avantgarde in dem Moment an ihr Ende (vgl. Schößler 2006) gekommen sehen mag, in dem wie etwa im neuen Realismus dramaturgisch auf „einen romantischen Begriff des Individuums und des Geschichten-Erzählens“ (Frei 2006, 60) gesetzt wird.

Allerdings bleibt noch abzuwarten, ob damit die „Naivität der Realitätsillusion" (Lehmann 1999, 43) wieder im großen Stil Einzug auf die Bühne erhält. Grundsätzlich gilt hier – wie in anderen Zusammenhängen der Gattungsgeschichte seit Aristoteles auch – Heiner Müllers Wort, dass „[k]ein neues Theater mit alten Stücken" (Müller 1975, 117) zu erreichen ist. Und an der Entwicklung eines neuen Theaters hat die Dramentheorie seit jeher entscheidend mitgewirkt.

Glossar

Affekt / Affektenlehre [von lat. *afficere* = einwirken, behandeln, u. *affectus* = Begierde, Gefühl, Leidenschaft, Zuneigung]: Lehre und Wissenschaft von den heftigen Gemütsbewegungen; als zentraler Bestandteil der Rhetorik von Aristoteles auch in der *Poetik* zur Beschreibung der Wirkung (→ Katharsis) in der → Tragödie aufgegriffen. Dramentheoretisch bleibt der Zusammenhang zwischen Wirkung und Affekterregung bis Schiller ein zentraler Gegenstand der Auseinandersetzung. *10ff., 19, 25, 27, 36f.*

Anagnorisis [gr. = Wiedererkennen]: markiert im antiken Drama einen Moment des Erkennens bzw. Wiedererkennens, in dem sich bis dahin Verhülltes enträtselt und Unwissenheit von Wissen ablöst. Sie wirkt sich im Drama entweder konfliktlösend aus oder unterstützt den Weg in die → Katastrophe, wobei sie sich häufig im plötzlichen Erkennen von Verwandten und Freunden einstellt. Aristoteles weist die A. in seiner *Poetik* neben der → Peripetie und der → Katastrophe als zentrales Element der tragischen → Fabel aus. *11*

Aptum [lat. = Angemessenheit, Anstand, Wohlanständigkeit]: auch Decorum (frz. *bienséance*), Begriff der Rhetorik, der das ausgewogene Verhältnis aller Bestandteile der Rede zueinander, zwischen der Rede und ihrer Inszenierung sowie zwischen Redesituation und Redeintention meint. Von Horaz zu einer zentralen Norm der Dichtung erhoben, wurde das A. in den Poetiken der Renaissance und des Barock zu einem Leitbegriff, an dem sich die Beziehung zwischen Gattung, → Stand und Stilhöhe auf ideale Weise auszurichten hatte. *14, 17*

aristotelisches Drama: Dramentyp, der sich auf die Vorgaben der *Poetik* des Aristoteles und deren Adaption im italienischen und französischen Theater des 16. und 17. Jahrhunderts bezieht (Synonyme: klassisches oder klassizistisches, tektonisches und geschlossenes Drama). Die Einheit von Ort, Zeit und Handlung (→ Einheiten) wird befolgt, und das Stück besteht in der Regel aus drei oder fünf Akten (→ Fünfakter). Die geschlossene Form ist durch eine logisch konzipierte Handlungsabfolge gekennzeichnet, die kaum Nebenhandlungen zulässt und sich auf die Darstellung und den Ausbau einiger weniger → Charaktere beschränkt. Das Drama soll hier ein Spiegelbild der Realität sein (Gedanke der → Mimesis). *61f.*

berichtete Handlung: Art der Handlung, durch die den Zuschauern oder den → Figuren auf der → Bühne Ereignisse aus der Vorgeschichte (durch Botenbericht) oder gleichzeitig sich ereignende, aber in die Hinterszene verlagerte Geschehnisse (durch Mauerschau bzw. Teichoskopie) mitgeteilt werden, die nicht dargestellt werden sollen oder können (z.B. Exekutionen oder Schlachtszenen). Jede Dramenfigur kann im Prinzip die Rolle des Berichterstatters übernehmen, wobei die Möglichkeit besteht, das Gesagte durch den Vermittler subjektiv zu beeinflussen. Inzwischen können auch Telefongespräche, Videoaufzeichnungen oder andere elektronische Medien diese Rolle ausfüllen. Vgl. auch → verdeckte Handlung. *14*

Bühne: Raum für die Verwirklichung und Inszenierung dramatischer Werke. Gewöhnlich ist damit die B. eines Theaters gemeint, die vom Zuschauerraum losgelöst mit Hilfe eines Bühnenbildes Raum für die dramatische Umsetzung eines Stückes bietet. Man kann verschiedene Bühnenformen wie die Guckkastenbühne, den Theaterraum mit Vorbühne, das Arenatheater oder auch das *Environmental Theatre* unterscheiden. Die Guckkastenbühne trennt die Mitwirkenden klar vom Publikum und macht die Kommunikation zwischen den Parteien überaus schwierig, wogegen das *Environmental Theatre* das Gegenkonzept verfolgt und nach Interaktionsmöglichkeiten zwischen Schauspielern und Publikum sucht. Diese Basisformen der B. sind in der Geschichte des Theaters von unterschiedlicher Bedeutung und Ausgestaltung. *13, 18 (und passim)*

Bürgerliches Trauerspiel: dramatische Gattung, die im 18. Jahrhundert entstand und wie das → rührende Lustspiel einen Bruch mit dem klassizistischen Gattungssystem einleitete. Sie machte erstmals → Figuren mittelständischer Herkunft und ihre familiären → Konflikte tragödienfähig. Die → Ständeklausel und die Idee der Notwendigkeit der tragischen → Fallhöhe aus einer gesellschaftlich herausragenden Position sind aufgehoben. Die Moralvorstellungen und Tugenden des Bürgertums stehen im Zentrum. Nicht die göttliche Fügung führt die → Katastrophe herbei, sondern ein tragischer Fehler (→ hamartía) oder Irrtum des Protagonisten. Die → Handlung entwickelt sich dabei im privaten Kreis der Familie. Wesentliche Anregungen erhielt das deutsche b.T. aus England, vor allem von George Lillos *The London Merchant* (1731). Mit *Miss Sara Sampson* (1755) begründete Lessing die Gattung in Deutschland. *25ff., 33*

Charakter [gr. = das Eingeprägte, wesentliche Eigenschaft]: allgemein jeder in einem dramatischen oder erzählenden Text auftretende Akteur, in Übertragung auf die menschliche Wesensart eine → Figur mit komplexen moralischen, intellektuellen und emotionalen Eigenheiten, die sie als Individuum mit spezifischen Stärken und Fehlern (→ hamartía) auszeichnen. Ggs. → Typus. *11f., 15, 20, 24ff., 28ff.*

Charakterdrama: im Unterschied zum → Handlungsdrama ein → Schauspiel, das eine zentrale, sich oft durch seine charakterliche Komplexität auszeichnende und die → Handlung in der Regel aktiv lenkende → Figur in das Zentrum der Darstellung rückt. *25*

Charakterkomödie: ein → Lustspiel, das seine komische Wirkung aus der übertriebenen Darstellung einer zentralen → Figur mit zumeist einer verlachenswerten Eigenschaft bezieht. Daher besitzt die C. eine deutliche Affinität zur → Typenkomödie. *33*

Chor [von gr. *chorós* = Reigen, Tanz, Tanzplatz]: besteht aus einer Gruppe von Sprechern oder Sängern, die das Handeln des Helden wertet und deutet oder auch selbst eingreift. Der C. hatte vor allem in den Anfängen des Dramas einen herausragenden Stellenwert. In der griechischen → Tragödie erhielt er sein strukturelles Gewicht im wechselnden Agieren mit den Schauspielern, wobei sich ihre Anzahl auf der → Bühne im Laufe der Zeit erhöhte. Besondere Bedeutung hatte der C. für Exposition (vgl. → Fünfakter) und wertende Einschübe an den Wendepunkten (vgl. → Peripetie) der → Handlung. *49f.*

Commedia dell'Arte [von it. *commedia* = Schauspiel u. *arte* = Kunst]: Stegreifkomödie, die in der Mitte des 16. Jahrhunderts in Italien entstand und nach ihrem Höhepunkt im 17. ihr Ende zum Ausgang des 18. Jahrhunderts fand. Unter der Leitung eines Prinzipals bildeten sich in der Regel zwölf bis zwanzig Darsteller zu Theatergruppen, die sich in Form von → Wanderbühnen über ganz Europa verbreiteten. Besonders bekannt wurde die C.d.A. durch ihre improvisierten Aufführungen, die allerdings durch eine festgelegte Handlungsentwicklung geregelt wurden. Inhaltlich bediente man sich dabei Elementen aus der Welt des Märchens oder griff auf Themen und Figuren der antiken → Komödie oder der durch Giovanni Boccaccio vorgeprägten Novellenliteratur zurück. Die → Handlung wurde durch ein festes Figurenrepertoire getragen; zwei Liebespaare, ihre Eltern und die Dienerschaft bildeten einen häufigen Bestandteil des Personals, das durch weitere Typenfiguren (→ Typus) ergänzt wurde. Die C.d.A. wirkte sich nachhaltig auf die Entwicklung der europäischen → Komödie aus. So lassen sich Einflüsse sowohl bei Shakespeare und Molière als auch im Wiener Volkstheater und in der deutschen Romantik nachweisen. Das Werk Dario Fos steht für die produktive Rezeption der C.d.A in der Literatur nach 1945. *21*

diánoia [gr. = Denk- und Erkenntnisfähigkeit]: nach Aristoteles eines der sechs wesentlichen Elemente der → Tragödie. Sie bezieht sich auf die Erkenntnisfähigkeit der Handelnden, „womit sie in ihren Reden etwas darlegen oder auch ein Urteil abgeben." (Aristoteles 1982, 21). *11*

Doctrine classique [frz. = klassische (Kunst-)Lehre]: normative Poetik, die sich in der ersten Hälfte des 17. Jahrhunderts in Frankreich unter Rückgriff auf Aristoteles, Horaz sowie die Aristoteles-Kommentare und Poetiken des 16. Jahrhunderts ausbildet. Mit der D.c. wird die Dichtung als ein Regelkanon rational erkennbarer ahistorischer Normen mit dem Anspruch auf Allgemeingültigkeit festgelegt. Als Gattung, die traditionell die größte Wertschätzung genießt, steht das Drama im Zentrum der klassizistischen Dichtungslehre. *16f., 61*

Dramaturgie [von gr. *dramatourgía* = Dichtung, Aufführung eines Dramas]: befasst sich praktisch mit der Inszenierung, theoretisch mit der Kunst und Technik des Dramas unter besonderer Berücksichtigung der wirkungsästhetischen Gestaltung. Mit der *Poetik* des Aristoteles wird die Geschichte der dramaturgischen Schriften eingeleitet, die neben vielen anderen Lessings *Hamburgische Dramaturgie* und Gustav Freytags *Technik des Dramas* (vgl. auch → Fünfakter) umfassen. Ihr Hauptaugenmerk gilt dem Aufbau und den → Affekten, die das Drama beim Lesen und bei der Inszenierung hervorrufen soll. *8 (und passim)*

Dreipersonenregel: ein aus dem antiken Drama abgeleitetes und erstmals von Horaz als Regel formuliertes Prinzip der Personenverteilung, nach dem höchstens drei Schauspieler gleichzeitig auf der → Bühne agieren dürfen. *14*

Einheiten: strukturelle Regelgrößen zur Gestaltung von Ort, Zeit und Handlung im → aristotelischen Drama. Die Lehre von den drei E. geht auf die *Poetik* des Aristoteles zurück, wobei sie das Einheitsprinzip nur für die

→ Handlung formuliert. Die E. von Ort und Zeit werden als Dogmen erst in den Regelpoetiken der italienischen und französischen Renaissance festgelegt. Mit der Forderung nach E. der → Handlung wird eine geschlossene und logisch verknüpfte Geschehensabfolge verlangt, während die E. der Zeit Spielzeit und gespielte Zeit nach Möglichkeit zur Deckung bringen soll und 24 Stunden der Handlungszeit nicht überschreiten darf. Die Regel der E. des Ortes schließlich fordert einen gleich bleibenden Schauplatz, der auf einen Szenenwechsel verzichtet. *7, 10f., 15f., 24, 29, 31f., 37*

Episches Theater: allgemein jedes „erzählende" → Schauspiel, im Speziellen jedoch Brechts antiillusionistisches Theater, das auf Distanz zum → aristotelischen Drama der → Identifikation geht. Das e.T ist nicht an der → Identifikation des Zuschauers mit den dargestellten → Charakteren oder an eine auf Einfühlung ausgerichtete Widerspiegelung von Geschehnissen interessiert, sondern es will durch die berichtende Darstellung eine kritisch-reflektierende Distanz des Publikums zum Geschehen auf der → Bühne erzeugen und daraus einen didaktischen bzw. gesellschaftsverändernden Nutzen ziehen. Die Technik der → Verfremdung wird bevorzugt gebraucht, um die gewünschte Distanz und das Realitätsbewusstsein im Zuschauer herzustellen bzw. zu erhalten. Die klassische Einteilung in drei oder fünf Akte (→ Fünfakter) fällt dabei der Einteilung in Szenen mit exemplarischem Wert für das Publikum zum Opfer. *9, 14, 34, 53ff., 59*

ethos, ethe [gr. = Charakter, Sinnesart, Brauch, Sitte, Gewohnheit]: nach Aristoteles eines der sechs wesentlichen Merkmale der → Tragödie. Im Sprachgebrauch der Antike die Gemütsverfassung und charakterliche Eigenheit eines Menschen im Gegensatz zu seinem augenblicklichen Gemütszustand (pathos). Der → Charakter ist bei Aristoteles eindeutig der → Handlung bzw. dem → mythos untergeordnet. *11*

Fabel [lat. *fabula* = Erzählung, Rede]: der Grundplan oder das Handlungsgerüst eines epischen oder dramatischen Textes (im Unterschied zur gleichnamigen Gattung, unter der kurze Lehrerzählungen mit Akteuren aus der Tier- und Pflanzenwelt subsumiert werden). *22f., 27, 54, 58f., 61*

Fallhöhe: ein aus dem antiken Drama abgeleiteter, aber erst in den Renaissancepoetiken entwickelter Begriff der → Dramaturgie, der eng mit dem Konzept der → Ständeklausel verbunden ist. Demnach ist in der → Tragödie der hohe soziale Status des Protagonisten von herausragender Bedeutung, da sie ihre tragische Wirkung nur durch den eindrucksvollen Fall des Helden von hohem Ansehen in die umfassende → Katastrophe voll entfalten kann. Für niederere → Charaktere ist die F. nicht groß genug, um die gewünschte Ergriffenheit und exemplarische Wirkung (→ Katharsis) im Publikum hervorzurufen. In der deutschen Literatur wird mit dem → bürgerlichen Trauerspiel erstmals die → Ständeklausel und damit das Prinzip der F. aufgehoben. *12, 16, 23*

Figur [von lat. *figura* = Gebilde, Gestalt]: als Kunstprodukt eine vor allem in Epik und Dramatik auftretende Gestalt, der ein geistiges Eigenleben und Denkfähigkeit zuerkannt wird. Häufig stellen F. entweder → Typen oder Individuen (→ Charakter) dar; sie lassen sich je nach Wichtigkeit für die → Handlung in Haupt- oder Nebenfiguren untergliedern. Meist sind die F. dem Menschen nachempfunden, sie können allerdings auch als tierische bzw. tierähnliche oder übernatürliche Wesen dargestellt sein. *11 (und passim)*

Fünfakter: als normative Strukturkategorie seit Horaz geläufige Einteilung vor allem des → aristotelischen Dramas in fünf Akte. Mit Gustav Freytags *Technik des Dramas* lassen sich den jeweiligen Akten folgende Handlungsabschnitte zuordnen: 1. Exposition, 2. steigende → Handlung, 3. → Peripetie bzw. Handlungsumschwung, 4. fallende → Handlung, 5. → Katastrophe bzw. Lösung. Durch den Einfluss des italienischen und französischen Dramas im 16. Jahrhundert setzte sich der F. auch in der deutschen Literatur durch. In der Moderne werden demgegenüber alternative Strukturformen privilegiert (vgl. → episches Theater) bis zur Auflösung von Akt und Szene im → postdramatischen Theater. *14*

Groteske [von it. *grottesco* = verzerrt, wunderlich; abgel. von it. *grotta* = Grotte, Höhle]: eine in seiner Gestaltung durch die Vermengung von grauenerregenden und komischen Elementen geprägte, in Lyrik, Epik und Drama gleichermaßen präsente Kunstform, die die Wahrnehmung des Zuschauers irritieren bzw. herausfordern soll. Kontrastierendes tritt hier gleichzeitig oder schnell aufeinander folgend in Erscheinung, wobei Komik und Grauen trotz gegenteiliger Darstellungskonventionen in Beziehung gebracht werden. Oxymoron und Paradoxon gelten daher als ihre typischen Stilmittel. Im modernen Drama gehen Groteskes und Absurdes häufig eine symbiotische Beziehung ein. *56f.*

hamartía [gr. = Fehleinschätzung, Irrtum]: nach der aristotelischen Dramentheorie Bezeichnung für den tragischen Irrtum bzw. das tragische Fehlverhalten des Helden, das die → Verwicklung herbeiführt und in die → Katastrophe mündet. Den Helden trifft hier zwar keine moralische Schuld, aber Selbstüberschätzung und mangelnde Reflexion auf die eigenen → Handlungen machen ihn für das, was ihm und anderen widerfährt, verantwortlich. *11f., 20, 40*

Handlung: die dargestellten Geschehnisse eines narrativen oder dramatischen Textes in ihrer Gesamtheit. Allgemein stellt eine H. eine einzelne Tätigkeit dar, die bewusst und auf ein bestimmtes Ziel ausgerichtet ist. In Epik und Drama erfährt der Begriff eine Erweiterung, indem er sowohl die Aneinanderreihung verschiedener Einzelhandlungen der → Charaktere und ihre Art sich zu verhalten als auch (übernatürliche) Geschehnisse sowie emotionale und geistige Vorgänge in den → Figuren einschließt. Nach Aristoteles ist die H. (als → mythos) das zentrale Element des Dramas. *9ff., 14, 16ff., 22ff., 29f., 32, 37, 60*

Handlungsdrama: eine durch ein in sich geschlossenes Handlungsgefüge bestimmte Gattung des Dramas, in der den → Handlungen eine größere Bedeutung als den → Figuren bzw. → Charakteren beigemessen wird. *32*

Harlekin [von frz. *Arlequin* u. it. *Arlecchino*]: komische Dienerfigur mit schelmischer Veranlagung aus der → Commedia dell'Arte. In der deutschen Literatur auch geläufige Bezeichnung für Hanswurst. *21*

Haupt- und Staatsaktion: in seinem Kampf um ein regelgeleitetes, an der französischen Klassik orientiertes Drama von Gottsched geprägte Bezeichnung, die sich polemisch gegen die Repertoirestücke deutscher → Wanderbühnen Ende des 17. und Anfang des 18. Jahrhunderts richtet. Unter Hauptaktion ist im Gegensatz zum eher scherzhaften Zwischen- und Nachspiel das ernste Hauptstück in einer Abendvorstellung zu verstehen, während Staatsaktion seine inhaltliche Seite in Form von historischen oder politischen → Stoffen meint. Bei den zur Banalisierung neigenden und an dem herrschenden Publikumsgeschmack ausgerichteten Stücken handelte es sich häufig um freie und vereinfachende Prosabearbeitungen von Dramen aus dem Barock, die auf Sensationen und grelle Effekte ausgerichtet und aufgrund ihrer Mischform mit dem klassizistischen Gebot der Gattungsreinheit nicht zu vereinbaren waren. *21*

Identifikation [von lat. *idem* = derselbe u. *facere* = machen]: emotionale Verbindung, die der Leser oder Zuschauer zu den → Figuren eines literarischen Werkes entwickeln kann und die nach älterer Vorstellung auf dem Konzept der Einfühlung beruht. Bei Aristoteles steht sie im Begründungszusammenhang von → Mimesis und → Katharsis, bei Lessing wird sie zur grundlegenden Voraussetzung seiner Besserungsdramatik. Der I. entgegen steht das → epische Theater, das mit den Mitteln der → Verfremdung Distanz herzustellen sucht. *28f., 54*

Illusion [von lat. *illudere* = täuschen]: ästhetische Erfahrung, bei der die künstlerische Darstellung als real empfunden wird. In seiner Imagination nimmt der Rezipient an Gefühlen und Ereignissen teil und kann sich mit → Handlungen oder → Charakteren identifizieren (→ Identifikation), ohne in Wirklichkeit davon betroffen zu sein. *24, 54f.*

Illusionsbühne [von lat. *illudere* = täuschen]: Form der → Bühne, die dem Zuschauer durch wirklichkeitsgetreue Gestaltung suggeriert, dass er einem tatsächlichen Geschehen beiwohnt. Handlungszeit und Handlungsort werden durch Ausstattung und Bühnenbild als unmittelbare Wirklichkeit erfahren, wobei dieser Eindruck durch Kostümierung, realistische → Handlung und Darstellung unterstützt wird. Im 20. Jahrhundert wird die I. durch experimentelle Bühnenformen abgelöst, die wie im → epischen Theater das Theater als Theater erkennbar machen. *54*

Imitatio naturae [lat. = Nachahmung der Natur]: → Mimesis.

Katastrophe [gr. = Umsturz, Wendung]: nach der aristotelischen *Poetik* entscheidender Wendepunkt am Ende des Dramas. Nachdem der dramatische → Konflikt im Verlaufe der Dramenhandlung eingeleitet wird und sich sukzessive verstärkt, wird in der K. eine Lösung erreicht. Vorbereitet wird die Lösung durch die → Peripetie. Allerdings beinhaltet die K. auch die Möglichkeit eines positiven Endes. Traditionell liegt die K. im dritten oder fünften Akt (→ Fünfakter); sie kann sich im Prinzip aber auch auf das ganze Stück ausdehnen. *11, 16, 19*

Katharsis [gr. = Reinigung]: elementarer und breit rezipierter Begriff der aristotelischen Dramentheorie, wonach der eigentliche Zweck der → Tragödie darin besteht, Jammer (éleos) und Schaudern (phóbos) beim Zuschauer (bzw. Leser) hervorzurufen, um damit – je nach Auslegung – eine Reinigung dieser (oder von diesen) Gefühlsreaktionen zu bewirken. Anders als in der Trauerspieltheorie Lessings, der éleos und phóbos mit Mitleid und Furcht übersetzt, zielt die aristotelische K.-Vorstellung nicht auf die moralische Läuterung und Besserung des Menschen, sondern verfolgt – im Sinne der Purgierung – einen medizinisch-therapeutischen Effekt. *10f., 19, 25f., 28, 53*

Komödie [von gr. *kōmōidía*, aus *kómos* = festlicher Umzug mit Gesang, Gelage u. *ōdé* = Gesang]: neben der → Tragödie Hauptgattung des Dramas, bei der das Lachen und die Erheiterung des Publikums im Zentrum stehen. In der Regel beruht die Komik auf dem Missverhältnis zwischen dem Verhalten der → Charaktere und dem gegebenen gesellschaftlichen Normensystem. Sie kann sich in Form der Sprach- und Situationskomik einstellen, aber auch – wie insbesondere in der → Charakter- und → Typenkomödie – der Charakterkomik entspringen. Zentrale Elemente der K. sind traditionell: die niederen → Charaktere, der gute Ausgang des Stücks, die einfache Stilebene und der erfundene → Stoff. Angesichts ihres gattungsspezifischen und gattungshistorischen Variantenreichtums, der sich von der klassischen K. über die → Tragikomödie bis zum absurden Theater erstreckt, ist die K. in ihrer Eigenart jedoch kaum eindeutig zu fassen. *9, 13f., 16f., 23ff, 30, 32ff., 43f., 46, 48f., 50, 56f.*

Konflikt [von lat. *conflictus* = Zusammenstoß]: Bezeichnung für eine konkrete Auseinandersetzung, einen Parteienstreit, aber auch für einen inneren Widerstreit, der sich an unterschiedlichen Standpunkten, Wünschen oder konkurrierenden Ideen entzündet. Der K. bildet den Angelpunkt des Dramas: als Scheinkonflikt in der → Komödie und als existentieller, zumeist in der → Katastrophe endender K. in der → Tragödie. *34, 45f.*

Lehre von den drei Einheiten: → Einheiten.

Lehrstück / Lehrtheater: allgemein ein Drama mit didaktischer Absicht, speziell Bezeichnung für eine Anzahl kürzerer Stücke Bertolt Brechts zwischen 1928 und 1935 (u.a. *Der Jasager*, *Der Neinsager*, *Die Maßnahme*). Ziel des L. ist es, bestimmte Verhaltensweisen zu erproben und so bei

Schauspielern und Zuschauern einen gesellschaftlich relevanten Entscheidungsprozess auf der Basis allgemeingültiger Erkenntnisse in Gang zu setzen. Nicht nur wegen seiner didaktischen Ausrichtung, sondern auch aufgrund spezifischer Stilmittel wie → Verfremdung und Abstraktion markiert das L. eine entscheidende Etappe auf dem Weg zum → epischen Theater. Nach 1945 knüpfen u.a. Peter Hacks, Peter Weiss u. Heiner Müller an die Tradition des L. an. *53, 55, 58f.*

lexis [gr. = Wort, Ausdrucksweise, das Wort betreffend]: nach Aristoteles eines der sechs wesentlichen Elemente der → Tragödie. Mit ihr wird das dramatische Redekriterium im Sinne der „Verständigung durch Worte" erfasst. „Sie dient dem gleichen Zweck, ob es sich nun um Verse oder um Prosa handelt." (Aristoteles 1982, 23 u. 25) *11*

Lustspiel: seit dem 16. Jahrhundert belegte Eindeutschung für → Komödie. Versuche, das L. als Gattung mit eigenständigen Merkmalen zu etablieren, haben sich nicht durchgesetzt. L. und → Komödie werden heute weitgehend synonym verwendet. *24*

Märtyrerdrama: eine Form der → Tragödie, in deren Mittelpunkt das Leiden und Sterben eines christlichen Märtyrers oder einer vergleichbar standhaften Person steht. Die himmlische Belohnung des Märtyrers wird mit der ewigen Verdammnis des Tyrannen kontrastiert und dient im so entwickelten Spannungsfeld von Tugend und Laster der Belehrung des Publikums. Das M. erreichte im Zeitalter des Barock seine Blütezeit und hatte in Andreas Gryphius seinen bedeutendsten Vertreter. *20, 23*

melopoiía [gr. = Melodik, Gesang]: nach Aristoteles eines der sechs wesentlichen Elemente der → Tragödie und Ausdruck der Bedeutung, die die Musik in Form von → Chor und Gesang in der antiken → Tragödie einnahm. *11*

Mimesis [gr. = Nachahmung (der Natur)]: Grundkategorie der Kunsttheorie seit der Antike. Ursprünglich auf rituell-orgiastische Tänze (Dionysos-Kult) bezogen, wurde M. zuerst von Platon und dann von Aristoteles auf das Feld der Kunst übertragen. Im Gegensatz zur eher abwertenden Tendenz seines Lehrers diente Aristoteles der Begriff zur anthropologischen Fundierung und philosophischen Legitimation der Künste: In der Kunst zeigt sich ein angeborener Nachahmungstrieb, der sich in der Dichtung aber nicht als

Abbildung der Wirklichkeit äußert, sondern danach strebt, das „nach den Regeln der Wahrscheinlichkeit oder Notwendigkeit Mögliche" (Aristoteles 1982, 29) darzustellen. Über die Abgrenzung zur Faktizität der Historie wird die Dichtung so einerseits als Medium poetischer Fiktionalität gerechtfertigt, andererseits aber auch als ein Erkenntnismedium sui generis privilegiert. Bis zur Aufklärung (vor allem bei Gottsched als → *imitatio naturae*) ist M. noch eine zentrale Kategorie poetischer und poetologischer Gattungs- und Selbstverständigung, ehe ihr im Zuge der Genieästhetik des ‚Sturm und Drang' und nachfolgend in der Romantik der Kampf angesagt wird. Davon bleibt ihre Nachwirkung in der Literatur der Moderne (wie in Realismus und Naturalismus) allerdings unberührt. *11, 13, 15, 22, 29f.*

mythos [gr. = Rede, Wort, Erzählung]: nach Aristoteles eines der sechs wesentlichen Elemente der → Tragödie und zugleich ihr wichtigstes. „Das Fundament und gewissermaßen die Seele der Tragödie ist [...] der Mythos." (Aristoteles 1982, 23) In der Auslegung der aristotelischen *Poetik* ist mit m. die → Handlung und als solche vor allem der Ereigniszusammenhang des Dramas gemeint. Vgl. auch → Fabel. *11*

opsis [gr. = Sehen, Aussehen, Schau]: nach Aristoteles eines der sechs wesentlichen Elemente der → Tragödie. Gemeint ist damit die Inszenierung bzw. die szenische Darbietung, der die aristotelische *Poetik* allerdings keine sonderliche Bedeutung beimaß. „Die Wirkung der Tragödie kommt auch ohne Aufführung und Schauspieler zustande." (Aristoteles 1982, 25) *11*

Parabeldramatik: auf Bertolt Brecht zurückgehende Bezeichnung für Stücke, deren → Handlung als Parabel (gr. *parabolé* = Vergleichung, Gleichnis) konzipiert ist, d.h., sie fungiert als (vereinfachendes) Modell zur Veranschaulichung menschlich-sozialer Verhaltenweisen im Spannungsfeld von Macht und Moral, Gesellschaft und individueller Verantwortung etc. Zu den bekanntesten Parabeldramen Brechts zählen *Der aufhaltsame Aufstieg des Arturo Ui* und *Der gute Mensch von Sezuan*. *58*

Peripetie [von gr. *peripéteia* = Wendung, plötzlicher Umschlag]: Begriff der aristotelischen Dramentheorie als Bezeichnung für einen plötzlichen Glücksumschwung, der die → Handlung in eine neue Richtung lenkt und in der → Komödie den glücklichen und in der → Tragödie den tragischen

Ausgang einleitet. Im → aristotelischen Drama ist die P. für gewöhnlich im dritten Akt situiert. Vgl. auch → Fünfakter. *11*

Postdramatisches Theater: von dem Theaterwissenschaftler Hans-Thies Lehmann geprägter Begriff, der Stilmittel und Tendenzen des Theaters seit dem Ende der 1960er Jahre bezeichnet und mit dem eine Art Gegenbewegung zur traditionellen Dramatik der → Illusion verknüpft ist. Insofern das p.T. die traditionelle Auffassung des Dramas als einer szenischen Repräsentation von Lebenswelt verabschiedet, sind dessen herkömmliche Strukturelemente: Dialog, → Figur und → Handlung, nur noch nebensächlich. Mit ihrer Vernachlässigung schwinden die Prinzipien von Narration und Figuration sowie die Ordnung der → Fabel. Zu den wichtigsten Vertretern des p.T. zählen Heiner Müller und Elfriede Jelinek. *55, 58, 60f.*

Produktionsstück: ein vom → Lehrstück Bertolt Brechts inspiriertes Genre, das seit Ende der 1950er Jahre einen Schwerpunkt der DDR-Dramatik bildete und sich mit der Frage nach dem Stellenwert der Arbeit und nach der Entwicklung eines neuen Bewusstseins im Sozialismus beschäftigte. Zu seinen bedeutendsten Autoren gehören Heiner Müller, Peter Hacks und Volker Braun. *58*

Querelle des Anciens et des Modernes [frz. = Streit zwischen den Alten und den Modernen]: Debatte zum Ausgang des 17. Jahrhunderts in Frankreich, in deren Mittelpunkt die Frage nach der Vorbildfunktion der Antike für die zeitgenössische Kunst und Kultur stand. Wortführer der Traditionalisten war Nicolas Boileau-Despréaux, der an dem Antike-Paradigma festhielt, während sein Kontrahent Charles Perrault die Überlegenheit der Kultur und Literatur seiner Zeit behauptete. Der Streit spaltete die damalige Elite Frankreichs und erzielte über die Landesgrenzen hinaus ein europaweites Echo. *41f., 60*

Rührendes Lustspiel: eine Gattung der → Komödie, die sich unter dem Einfluss der englischen „sentimental comedy" und der französischen „comédie larmoyante" in der Aufklärung herausbildet und wie das → bürgerliche Trauerspiel für den Bruch mit dem klassizistischen Gattungssystem steht. Charakteristisch für das r.L. sind übermäßige Tugend und Entsagung des Helden sowie die konsequente Bestrafung des Bösen und Entlohnung des Guten. Nach Christian Fürchtegott Gellert, der dieser Form der ernsten → Komödie zum Durchbruch verhalf, sollte die Belehrung jedoch nicht durch Gelächter erzeugende Abschreckung, sondern durch die Illustration sittlich hoch stehenden Verhaltens entstehen. Entsprechend gilt sein Stück *Die zärtlichen Schwestern* (1747) als r.L. par excellence. *33*

Schauspiel: einerseits Oberbegriff für die verschiedenen Formen des Sprechtheaters (→ Tragödie, → Komödie etc. im Gegensatz zu Singspiel und Oper); andererseits Bezeichnung für Dramen mit einer Grundsituation, die einen tragischen Ausgang ermöglicht, aber durch das rechtzeitige bzw. besonnene Handeln des Helden in ein positives Ende überführt wird (vgl. Goethes *Iphigenie auf Tauris* und Heinrich von Kleists *Prinz Friedrich von Homburg*). *44*

Stand: bezeichnet die Zugehörigkeit des Dramenpersonals zu bestimmten Bevölkerungsschichten wie Adel oder Bürgertum und ist besonders im Hinblick auf die → Ständeklausel im → aristotelischen Drama von Bedeutung. *12, 16ff., 23ff.*

Ständeklausel: in enger Auslegung der aristotelischen *Poetik* durch die Dichtungslehren in Renaissance und Barock entwickelte Zuordnung von Gattung, dramatischem Gegenstand und → Stand. S. besagt, dass das Personal der → Tragödie aus Gründen der → Fallhöhe von hohem → Stand sein müsse, wogegen in der → Komödie ausschließlich → Charaktere niederer Herkunft agieren dürften. Infolge des → bürgerlichen Trauerspiels wird die S. allerdings zunehmend bedeutungslos. *12, 16, 23f., 28*

Stoff: eine von Form und Gehalt des literarischen Textes abstrahierte Konstellation aus → Figuren, Ereignissen und → Handlungen, die allgemein den Vorwurf eines Werkes bildet, die im engeren Sinne (und anders als die → Fabel) aber nicht an einen konkreten Text gebunden ist und insofern der vorliterarischen Ebene angehört. Der S. kann der literarischen Tradition (wie der *Don Juan*- und *Faust*-Stoff) oder der Ereignisgeschichte bzw. der Mythologie (wie Shakespeares *Julius Cäsar* oder Heinrich von Kleists *Amphitryon*) entnommen sein. *13, 17ff., 31, 42, 57*

Theater der Grausamkeit: von Antonin Artaud eingeführte Theaterkonzeption, die er 1932 erstmals in seinem Manifest *Le Théatre de la Cruauté* veröffentlichte und nachfolgend (vor allem in seiner Textsammlung *Le Théâtre et son Double* von 1938) zu einer Theorie erweiterte, die großen Einfluss auf das

Drama und Theater des 20. Jahrhunderts (u.a. auf Beckett, Genet, Ionesco und Heiner Müller) ausübt. Artauds Vorstellung zielt auf die Ritualisierung der Bühne und damit auf eine Rückführung des Dramas auf seine kultisch-religiösen Ursprünge. Dabei ist mit Grausamkeit nicht (unmittelbar) die Umsetzung eines Gewaltspektakels assoziiert. Das T.d.G. will den Zuschauer vielmehr einer Grenzerfahrung aussetzen, bei der es zu einer metaphysischen Konfrontation mit seinen eigenen Obsessionen kommen soll. In diesem auf Daseinserweiterung und -veränderung ausgerichteten Theater hat das Drama folgerichtig nicht mehr die Funktion, → Handlungen zu entwickeln und voranzutreiben, sondern andere – wie etwa körperliche oder psychische – Erfahrungen zu erzeugen bzw. hervorzurufen. Die inszenatorischen Mittel dazu sind ebenso vielfältig wie weitreichend und schließen sowohl Musik, Tanz, Plastik, Licht als auch Pantomime, Schrei, Geheul etc. mit ein. Infolge seiner Loslösung vom dramatischen Text gilt das T.d.G. als ein bedeutender Wegbereiter des → postdramatischen Theaters. *59*

Tragikomödie: von dem römischen Komödiendichter Plautus ursprünglich geprägter Begriff (lat. *tragicomoedia*) zur Bezeichnung einer dramatischen Mischform, in der sich tragische und komische Bestandteile wechselseitig durchdringen. Besondere Bedeutung erlangt die Gattung in England (Shakespeare) und Frankreich (Molière). In Deutschland entwickelt die T. erst im Zuge der Gattungsannäherungen zwischen → Tragödie und → Komödie im 18. Jahrhundert ein beachtliches Profil. Diese Entwicklung beginnt mit den sozialen Dramen von Jakob Michael Reinhold Lenz und erreicht – ausgedehnt auf den deutschsprachigen Raum – im 20. Jahrhundert ihren vorläufigen Höhepunkt im Werk Friedrich Dürrenmatts. *33f., 44*

Tragödie [gr. tragōdía = Bocksgesang]: neben der → Komödie Hauptgattung des Dramas, in dessen Zentrum die Darstellung eines exemplarischen → Charakters steht, der durch einen unlösbaren tragischen → Konflikt in die → Katastrophe geführt wird. Dem (bis heute nicht ganz geklärten) Ursprung nach geht die T. auf die attischen Dionysosfeste als Teil kultischer Rituale zurück, wobei sie ihre theatralische Form sukzessive ab dem sechsten vorchristlichen Jahrhundert ausbildet, als mit dem Schauspieler ein agierendes Pendant zum Chorgesang (→ Chor) eingeführt wird. Für die weitere Gattungstradition bis in die Neuzeit bleibt die antike griechische Tragödie in Theorie und Praxis ebenfalls maßgeblich: durch die *Poetik* des Aristoteles und die Dramen der großen Tragiker Aischylos, Sophokles und Euripides. Vgl. auch → Trauerspiel. *9ff. (und passim)*

Trauerspiel: von Martin Opitz eingeführtes und seitdem im deutschen Sprachraum etabliertes Synonym für → Tragödie als Bezeichnung für ein Stück mit tragischem Ausgang. Mit der Entstehung des → bürgerlichen Trauerspiels wird jedoch eine Differenzierung zwischen T. und → Tragödie notwendig. Lessing zufolge steht das Unglück bedeutender Persönlichkeiten im Zentrum der → Tragödie, während sich das T. dem im privaten bzw. familiären Umkreis situierten Unglück widmet. Nach Walter Benjamin zeichnet sich das T. durch seinen antiaristotelischen Zug aus. In ihm wird der → Katharsis keine Bedeutung beigemessen und stattdessen die Darstellung einer melancholischen Weltsicht ins Zentrum gerückt. *18f. (und passim)*

Typenkomödie: basiert auf der Darstellung fester Typen (→ Typus) mit karikierten Merkmalen (verschiedene → Stände, Berufe, Altersstufen), die keine individuelle Prägung aufweisen. Aufgrund der häufigen Reduzierung auf eine verlachenswerte Eigenschaft ist der Übergang zur → Charakterkomödie allerdings fließend. *33*

Typus [von gr. týpos = Schlag, Gestalt, Muster]: Grundform einer Sache oder Person, die aus bestimmten, unveränderlichen und wesensspezifischen Elementen besteht. Im Drama gilt diese Bezeichnung einer → Figur mit feststehenden Merkmalen, die keine individuellen Charakterzüge (→ Charakter) aufweist, sondern die durch bestimmte Eigenschaften beispielhaft für verschiedene Gesellschaftsschichten, Berufe oder Altersstufen steht. In der → Typenkomödie ist der T. als Gattungsfigur exemplarisch ausgeprägt. *19, 23*

verdeckte Handlung: Art der → Handlung, die nicht direkt und aktiv auf der → Bühne dargestellt, sondern dem Zuschauer nur sprachlich präsentiert wird. So können gleichzeitige → Handlungen eingeführt werden oder Ereignisse, die die Einheit von Handlung, Ort und Zeit (→ Einheiten) sprengen, die Bühnentechnik überfordern oder die → Handlung bei direkter Darstellung moralisch unannehmbar machen würden. Die v.H. hat entscheidenden Einfluss auf den Aufbau des Stückes und ist klassisch ausgeprägt in Botenbericht und Mauerschau (Teichoskopie). Vgl. auch → berichtete Handlung. *14*

Verfremdung: ästhetisches Verfahren, das gewöhnliche Alltagserscheinungen und vertraute → Handlungen oder Umgebungen durch den Einsatz verschiedener Techniken der Darstellung in einer ungewöhnlichen Sicht erscheinen lässt. Zu den Mitteln lassen sich u.a. → Groteske, Ironie, Montage, Parodie und Satire zählen. In diesem Sinne handelt es sich bei der V. um ein durchaus traditionelles künstlerisches Prinzip. Eine spezifische Bedeutung erhält die V. in Brechts → epischem Theater, in dem sie der Illusionsdurchbrechung (→ Illusion) und Ausbildung eines kritischen Bewusstseins beim Zuschauer dienen soll. Vgl. auch → Verfremdungseffekt. *54, 56*

Verfremdungseffekt: Mittel zur Herbeiführung der → Verfremdung. Bei Brecht steht der V. (oder V-Effekt) im engen Zusammenhang mit der Konzeption des → epischen Theaters. Insofern der V. die zentrale Funktion hat, zur Aufdeckung gesellschaftlicher Widersprüche beizutragen, gehen mit ihm ästhetische, politische und gesellschaftliche Zielsetzungen einher. Entsprechend umfassend ist sein dramatisches bzw. theatralisches Anwendungsspektrum. Der V. erstreckt sich auf Sprache und Aufbau des Dramas ebenso wie auf seine Inszenierung und den Stil der schauspielerischen Darstellung. *54f.*

Verlachkomödie: Bezeichnung für eine Anzahl von → Lustspielen, die zwischen 1730 und 1750 im Umkreis von Gottsched in Leipzig entstehen (daher auch: sächsische → Komödie). Die Stücke orientieren sich an Gottscheds Komödientheorie und sind meist als satirische → Typenkomödien einzuordnen, in denen der lasterhafte Fehler einer → Figur dem Verlachen des Publikums preisgegeben wird. Die → Typen der → Komödie lassen sich dabei eindeutig in tugendhafte oder lasterhafte → Figuren unterscheiden. *24*

Verwicklung: oder (gr.) Epitasis; nach dem Terenz-Kommentator Donat der Mittelteil eines Dramas, in dem sich der → Konflikt entwickelt und dramatisch zuspitzt. Der V. jeweils zur Seite stehen Protasis (Einleitung) und → Katastrophe bzw. Lösung. *11*

Wanderbühne: eine nicht an einen ständigen Spielort gebundene, zumeist aus Berufsschauspielern bestehende Theatergruppe. Die deutsche W. hat ihre Vorläufer in den englischen u. niederländischen Komödianten, die ihre Kunst im 16. und 17. Jahrhundert auch auf den deutschsprachigen Raum ausweiteten. Ungeachtet ihres begrenzten und zu trivialen → Stoffen neigenden Repertoires, das auf publikumswirksame Effekte zielte und deshalb u.a.

auch Gottscheds Theaterreform provozierte (vgl. auch → Haupt- und Staatsaktion), erfüllte die W. für die Entwicklung der Schauspielkunst und unter dem Aspekt der Kulturvermittlung eine wichtige Funktion. Zudem suchten einige W. unter der Leitung bedeutender Prinzipale wie Friederike Caroline Neuber und Konrad Ernst Ackermann selbst zur Hebung des Publikumsgeschmacks beizutragen. Mit ihrem Wunsch nach einem eigenen Theater leisteten sie allerdings im Verlaufe des 18. Jahrhunderts dem Bedeutungsverlust der W. und ihrer Ablösung durch das Hof- und Nationaltheater sukzessive Vorschub, ohne dass diese Theaterform jedoch damit zum Erliegen gekommen wäre. Sie lebt heute modifiziert im Tournee- und Straßentheater oder in Konzepten des Freien Theaters fort. *22*

Literaturverzeichnis

1. Quellen

Aristoteles (1982): Poetik, übersetzt u. hg. von Manfred Fuhrmann, Stuttgart

Benjamin, Walter (1978): Ursprung des deutschen Trauerspiels, Berlin

Brecht, Bertolt (1967): Gesammelte Werke in 20 Bänden, hg. vom Suhrkamp Verlag in Zusammenarbeit mit Elisabeth Hauptmann, Frankfurt a.M.

Brecht, Bertolt (1997): Ausgewählte Werke in sechs Bänden. Jubiläumsausgabe zum 100. Geburtstag, Frankfurt a.M.

Dürrenmatt, Friedrich (1966): Theater-Schriften und Reden, hg. von Elisabeth Brock-Sulzer, Zürich

Dürrenmatt, Friedrich (1972): Dramaturgisches und Kritisches. Theater-Schriften und Reden II, Zürich

Freytag, Gustav (2003): Die Technik des Dramas, bearbeitet von Manfred Plinke, Berlin

Goethe, Johann Wolfgang (1962-66): Briefe. Hamburger Ausgabe in vier Bänden, hg. von Karl Robert Mandelkow u. Bodo Morawe, Hamburg

Goethe, Johann Wolfgang (1981): Werke. Hamburger Ausgabe in 14 Bänden, hg. von Erich Trunz, neubearbeitete Aufl. der Ausgabe Hamburg 1948-64, München

Gottsched, Johann Christoph (1972): Schriften zur Literatur, hg. von Horst Steinmetz, Stuttgart

Gottsched, Johann Christoph (2002): Sterbender Cato, hg. von Horst Steinmetz, bibliogr. erg. Ausgabe, Stuttgart

Hegel, Georg Wilhelm Friedrich (1970): Werke in 20 Bänden, auf der Grundlage der Werke von 1832-1845 neu edierte Aufl., Redaktion Eva Moldenhauer u. Karl Markus Michel, Frankfurt a.M.

Hölderlin, Friedrich (1992f.): Sämtliche Werke und Briefe, hg. von Michael Knaupp, München/Wien

Horaz (1984): Ars Poetica. Die Dichtkunst, übersetzt u. mit einem Nachwort hg. von Eckhart Schäfer, revidierte und bibliogr. erg. Ausgabe, Stuttgart

Kant, Immanuel (1974-77): Werkausgabe in 12 Bänden, hg. von Wilhelm Weischedel, Frankfurt a.M.

Lenz, Jakob Michael Reinhold (1987): Werke und Briefe in drei Bänden, hg. von Sigrid Damm, München/Wien

Lessing, Gotthold Ephraim (1985ff.): Werke und Briefe in zwölf Bänden, hg. von Wilfried Barner zusammen mit Klaus Bohnen, Gunter E. Grimm [u.a.], Frankfurt a.M.

Müller, Heiner (1975): Theater-Arbeit, Berlin

Müller, Heiner (1996): Gesammelte Irrtümer I-III. Interviews und Gespräche. Texte und Gespräche, 2. u. 3. Aufl., Frankfurt a.M.
Nietzsche, Friedrich (1999): Sämtliche Werke. Kritische Studienausgabe in 15 Bänden, Neuausgabe, hg. von Giorgio Colli u. Mazzino Montinari, München [u.a.]
Opitz, Martin (1970): Buch von der Deutschen Poeterey, hg. von Cornelius Sommer, Stuttgart
Platon (1982): Sämtliche Werke, hg. von Erich Loewenthal, unveränderter Nachdruck der 8., durchgesehenen Aufl. der Berliner Ausgabe von 1940, Heidelberg
Schelling, Friedrich Wilhelm Joseph (1979): Werke, nach der Originalausgabe in neuer Anordnung hg. von Manfred Schröter, Nachdruck des Münchner Jubiläumsdrucks, 3., unveränderte Aufl., München, 1. Hauptbd., Jugendschriften: 1793-1798
Schelling, Friedrich Wilhelm Joseph (1984): Werke, nach der Originalausgabe in neuer Anordnung hg. von Manfred Schröter, Nachdruck des Münchner Jubiläumsdrucks, 3., unveränderte Aufl., München, Erg.-Bd. 3: Philosophie der Kunst
Schiller, Friedrich (1983): Briefe, mit Einleitung u. Kommentar hg. von Erwin Streitfeld u. Viktor Žmegač, Frankfurt a.M.
Schiller, Friedrich (1993): Sämtliche Werke, hg. von Gerhard Fricke u. Herbert G. Göpfert, 9., durchgesehene Aufl., München
Schlegel, August Wilhelm (1989): Vorlesungen über Ästhetik I [1798-1903], hg. mit einem Kommentar u. einem Nachwort von Ernst Behler, Paderborn [u.a.]
Schlegel, Friedrich (1958ff.): Kritische Ausgabe, hg. von Ernst Behler unter Mitwirkung von Jean-Jacques Anstett u. Hans Eichner, 1. Abt., München [u.a.]
Schlegel, Johann Elias (1967): Gedanken zur Aufnahme des dänischen Theaters, in: ders.: Canut. Ein Trauerspiel, hg. von Horst Steinmetz, Stuttgart, S. 75-111
Szondi, Peter (1961): Versuch über das Tragische, Frankfurt a.M.
Szondi, Peter (1963): Theorie des Modernen Dramas (1880-1950), Frankfurt a.M.
Szondi, Peter (1974): Poetik und Geschichtsphilosophie I/II, 2 Bde., hg. von Senta Metz [u.a.], Frankfurt a.M.

2. zitierte Forschungsliteratur

Alexander, Robert J. (1984): Das deutsche Barockdrama, Stuttgart
Alt, Peter-André (1994): Tragödie der Aufklärung, Basel/Tübingen
Alt, Peter-André (2001): Aufklärung, 2., durchgesehene Aufl., Stuttgart/Weimar
Alt, Peter-André (2004): Schiller: Leben – Werk – Zeit. Eine Biographie, 2 Bde., 2., durchgesehene Aufl., München
Andreotti, Mario (1996): Traditionelles und modernes Drama, Bern [u.a.]
Asmuth, Bernhard (1992): Dramentheorie, in: Literaturlexikon, hg. von Walther Killy, Gütersloh/München, Bd. 13, S. 186-192

Asmuth, Bernhard (2004): Einführung in die Dramenanalyse, 6., akt. Aufl., Stuttgart/Weimar

Barner, Wilfried/Grimm, Gunter E. [u.a.] (1998): Lessing. Epoche – Werk – Wirkung, 6. Aufl., München

Barone, Paul (2004): Schiller und die Tradition des Erhabenen, Berlin

Behler, Ernst (1988): Die Theorie der Tragödie in der deutschen Frühromantik, in: ders.: Studien zur Romantik und zur idealistischen Philosophie, Bd. 1, Paderborn [u.a.], S. 196-207

Berghahn, Klaus L. (1971): „Das Pathetischerhabene". Schillers Dramentheorie, in: Deutsche Dramentheorien. Beiträge zu einer historischen Poetik des Dramas in Deutschland, hg. von Reinhold Grimm, 2 Bde., Frankfurt a.M., Bd. 1, S. 214-244

Berghahn, Klaus L. (2009): Peter Szondi, *Theorie des modernen Dramas* (1956), in: Monatshefte für deutschsprachige Literatur und Kultur 101, S. 307-313

Boltanski, Luc/Chiapello, Eve (2006): Der neue Geist des Kapitalismus, Konstanz

Borchmeyer, Dieter (1998): Die Weimarer Klassik. Porträt einer Epoche. Studienausgabe, Weinheim

Böschenstein, Bernhard (2002): Sophokles-Anmerkungen, in: Hölderlin-Handbuch. Leben – Werk – Wirkung, hg. von Johann Kreuzer, Stuttgart/Weimar, S. 247-253

Brenner, Peter J. (2000): Gotthold Ephraim Lessing, Stuttgart

Buck, August (1952): Italienische Dichtungslehre vom Mittelalter bis zum Ausgang der Renaissance, Tübingen

Buck, Theo (2001): Verfremdung, Verfremdungseffekt (V-Effekt), in: Theaterlexikon. Begriffe und Epochen, Bühnen und Ensembles, hg. von Manfred Brauneck u. Gérard Schneilin, 4. vollständig überarb. und erw. Neuausgabe, Reinbek, S. 1159-1161

Cometa, Michele (2000): Die Theorie des romantischen Dramas bei Friedrich Schlegel, in: Das romantische Drama. Produktive Synthese zwischen Tradition und Innovation, hg. von Uwe Japp, Stefan Scherer u. Claudia Stockinger, Tübingen, S. 21-43

Düsing, Klaus (1988): Die Theorie der Tragödie bei Hölderlin und Hegel, in: Jenseits des Idealismus. Hölderlins letzte Homburger Jahre (1804-1806), hg. von Christoph Jamme u. Otto Pöggeler, Bonn, S. 55-82

Eke, Norbert Otto (1999): Heiner Müller, Stuttgart

Eke, Norbert Otto (2002): „Kein neues Theater mit alten Stücken". Entgrenzungen der Dramaturgie in der DDR-Dramatik seit den 70er Jahren (Müller, Braun, Brasch, Trolle), in: Rückblick auf die DDR-Literatur, hg. von Hans-Christian Stillmark u. Christoph Lehker, Amsterdam/New York, S. 307-346

Fischer, Ludwig (1968): Gebundene Rede. Dichtung und Rhetorik in der literarischen Theorie des Barock in Deutschland, Tübingen

Frei, Nikolaus (2006): Die Rückkehr der Helden. Deutsches Drama der Jahrhundertwende (1994-2001), Tübingen

Fuhrmann, Manfred (1980): Die Rezeption der aristotelischen Tragödienpoetik in Deutschland, in: Handbuch des deutschen Dramas, hg. von Walter Hinck, Düsseldorf, S. 93-105

Fuhrmann, Manfred (1982): Nachwort, in: Aristoteles: Poetik, übersetzt u. hg. von Manfred Fuhrmann, Stuttgart, S. 144-178

Fuhrmann, Manfred (2003): Die Dichtungstheorie der Antike: Aristoteles – Horaz – ›Longin‹. Eine Einführung, überarb. Neuaufl., Düsseldorf/Zürich

Galle, Roland (1980): Hegels Dramentheorie und ihre Wirkung, in: Handbuch des deutschen Dramas, hg. von Walter Hinck, Düsseldorf, S. 259-272

Geisenhanslüke, Achim (2003): Einführung in die Literaturtheorie, Darmstadt

Gesse, Sven (1997): ‚Genera mixta': Studien zur Poetik der Gattungsmischung zwischen Aufklärung und Klassik-Romantik, Würzburg

Geulen Eva (2002): Das Ende der Kunst. Lesarten eines Gerüchts nach Hegel, Frankfurt a.M.

Greiner, Bernhard (2006): Die Komödie. Eine theatralische Sendung. Grundlagen und Interpretationen, 2., aktualisierte u. erg. Aufl., Tübingen

Grimm, Gunter E. (1983): Literatur und Gelehrtentum in Deutschland. Untersuchungen zum Wandel ihres Verhältnisses vom Humanismus bis zur Frühaufklärung, Tübingen

Grimm, Reinhold (1995): Der katholische Einstein: Grundzüge der Brechtschen Dramen- und Theatertheorie, in: Brechts Dramen, hg. von Walter Hinderer, Stuttgart, S. 11-33

Grimm, Reinhold (Hg.) (1971): Deutsche Dramentheorien. Beiträge zu einer historischen Poetik des Dramas in Deutschland, 2 Bde., 3. Aufl., Frankfurt a.M.

Guthke, Karl S. (1968): Die moderne Tragikomödie. Theorie und Gestalt, Göttingen

Haas, Birgit (2007): Plädoyer für ein dramatisches Drama, Wien

Hardt, Manfred (1996): Geschichte der italienischen Literatur. Von den Anfängen bis zur Gegenwart, Düsseldorf/Zürich

Heimböckel, Dieter (2003): „Immer neu wächst Gras über die Grenze." Das Ende der Geschichte im Theater der Entgrenzung Heiner Müllers, in: Grenzen – Grenzüberschreitungen – Grenzauflösungen. Zur Darstellung von Zeitgeschichte in deutschsprachiger Gegenwartsliteratur, hg. von Edgar Platen u. Martin Todtenhaupt, München, S. 45-57

Heimböckel, Dieter (2005): Subversionen der Erinnerung im postdramatischen Theater. Heiner Müller – Elfriede Jelinek – Rainald Goetz, in: Der Deutschunterricht 57, H. 6, S. 46-53

Hillen, Gerd (1987): Barock, in: Geschichte der deutschen Literatur. Kontinuität und Veränderung. Vom Mittelalter bis zur Gegenwart, hg. von Ehrhard Bahr, Tübingen, Bd. 1, S. 311-426

Hinrichs, Boy (1999): Rhetorik und Poetik, in: Die Literatur des 17. Jahrhunderts, hg. von Albert Meier, München, S. 209-232

Jantzen, Jörg (Hg.) (1998): Die Realität des Wissens und das wirkliche Dasein. Erkenntnisbegründung und Philosophie des Tragischen beim frühen Schelling, Stuttgart-Bad Cannstatt

Jauß, Hans Robert (1970): Schlegels und Schillers Replik auf die „Querelle des Anciens et des Modernes", in: ders.: Literaturgeschichte als Provokation, Frankfurt a.M., S. 67-106

Jung, Werner (1997): Kleine Geschichte der Poetik, Hamburg

Keller, Andreas (1994): Drama und Dramaturgie Heiner Müllers zwischen 1956 und 1988, 2. Aufl., Frankfurt a.M. [u.a.]

Kesting, Marianne (1989): Das epische Theater. Zur Struktur des modernen Dramas, 8. Aufl., Stuttgart

Kommerell, Max (1984): Lessing und Aristoteles: Untersuchungen über die Theorie der Tragödie, 5. Aufl., mit Berichtigungen u. Nachweisen, Frankfurt a.M.

Koopmann, Helmut (1979): Drama der Aufklärung. Kommentar zu einer Epoche, München

Krieger, Gottfried (1995): Dramentheorie und Methoden der Dramenanalyse, in: Literaturwissenschaftliche Theorien, Modelle und Methoden. Eine Einführung, hg. von Ansgar Nünning [u.a.], Trier, S. 69-92

Kurz, Gerhard (1977): Poetik und Geschichtsphilosophie der Tragödie bei Hölderlin, in: Text und Kontext 5, H. 2, S. 15-36

Latacz, Joachim (2003): Einführung in die griechische Tragödie, 2., durchgesehene u. aktualisierte Aufl., Göttingen

Lehmann, Hans-Thies (1999): Postdramatisches Theater, Frankfurt a.M.

Lehmann, Hans-Thies (2001): Dramentheorie, in: Theaterlexikon. Begriffe und Epochen, Bühnen und Ensembles, hg. von Manfred Brauneck u. Gérard Schneilin, 4. vollständig überarb. und erw. Neuausgabe, Reinbek, S. 309-317

Lehmann, Hans-Thies (2002): Tragödie und Trauerspiel, in: Fischer Lexikon Literatur, Neuausgabe, hg. von Ulfert Ricklefs, Frankfurt a.M., Bd. 3, S. 1857-1883

Luserke, Matthias (Hg.) (1991): Die aristotelische Katharsis: Dokumente ihrer Deutung im 19. und 20. Jahrhundert, Hildesheim [u.a.]

Lützeler, Paul Michael (1997): Jakob Michael Reinhold Lenz: „Die Soldaten", in: Interpretationen. Dramen des Sturm und Drang, erw. Ausgabe, Stuttgart, S. 129-159

Mann, Otto (1972): Friedrich Schlegel als Begründer der Philosophie der Tragödie und des Tragischen, in: Deutsche Weltliteratur von Goethe bis Ingeborg Bachmann, hg. von Klaus Jonas, Tübingen, S. 45-72

Martini, Fritz (1971): Die Poetik des Dramas im Sturm und Drang. Versuch einer Zusammenfassung, in: Deutsche Dramentheorien. Beiträge zu einer historischen Poetik des Dramas in Deutschland, hg. u. eingel. von Reinhold Grimm, 2 Bde., Frankfurt a.M., Bd. 1, S. 123-166

Martino, Alberto (1972): Geschichte der dramatischen Theorie in Deutschland im 18. Jahrhundert, Bd. 1: Die Dramaturgie der Aufklärung (1730-1780), Tübingen

Menke, Bettine (2006): „Ursprung des deutschen Trauerspiels", in: Benjamin-Handbuch. Leben – Werk – Wirkung, hg. von Burkhardt Lindner unter Mitarb. von Thomas Küpper u. Timo Skrandies, Stuttgart/Weimar, S. 210-229

Menke, Christoph (1999): Ethischer Konflikt und ästhetisches Spiel. Zum geschichtsphilosophischen Ort der Tragödie bei Hegel und Nietzsche, in: Hegel-Jahrbuch, S. 16-28

Mennemeier, Franz Norbert (1994) : Drama, in: Moderne Literatur in Grundbegriffen, hg. von Dieter Borchmeyer u. Viktor Žmegač, 2., neu bearb. Aufl., Frankfurt a.M., S. 89-101

Ostermeier, Thomas (2002): Das Theater im Zeitalter seiner Beschleunigung, in: 40 Jahre Schaubühne Berlin, hg. von Harald Müller u. Jürgen Schitthelm, Berlin, S. 6-13

Ostermeier, Thomas [u.a.] (2000): „Wir müssen von vorn anfangen", in: taz, Nr. 6046, 20.01.2000

Pfister, Manfred (2001): Das Drama. Theorie und Analyse, 11. Aufl., München

Pfotenhauer, Helmut (1985): Benjamin und Nietzsche, in: Walter Benjamin im Kontext, hg. von Burkhardt Lindner, 2., erw. Aufl., Königstein/Ts.

Plett, Heinrich F. (1994): Renaissance-Poetik. Zwischen Imitation und Innovation, in: Renaissance-Poetik. Renaissance poetics, hg. von Heinrich F. Plett, Berlin/New York, S. 1-20

Poschmann, Gerda (1997): Der nicht mehr dramatische Theatertext. Aktuelle Bühnenstücke und ihre dramaturgische Analyse, Tübingen

Profitlich, Ulrich (Hg.) (1998): Komödientheorie: Texte und Kommentare vom Barock bis zur Gegenwart, Reinbek

Profitlich, Ulrich (Hg.) (1999): Tragödientheorie: Texte und Kommentare vom Barock bis zur Gegenwart, Reinbek

Schadewaldt, Wolfgang (1955): Furcht und Mitleid? In: Hermes 83, S. 129-171

Schäfer, Eckhart (1984): Nachwort, in: Horaz: Ars Poetica. Die Dichtkunst, übersetzt u. mit einem Nachwort hg. von Eckhart Schäfer, revidierte und bibliogr. erg. Ausgabe, Stuttgart, S. 55-67

Schillemeit, Jost (1965): Poetik, in: Fischer Lexikon Literatur, hg. von Wolf-Hartmut Friedrich u. Walther Killy, Bd. 2/2, Frankfurt a.M., S. 422-442

Schings, Hans-Jürgen (1971): Consolatio Tragoediae. Zur Theorie des barocken Trauerspiels, in: Deutsche Dramentheorien. Beiträge zu einer historischen Poe-

tik des Dramas in Deutschland, hg. u. eingel. von Reinhold Grimm, 2 Bde., Frankfurt a.M., Bd. 1, S. 1-44
Schings, Hans-Jürgen (1988): Walter Benjamin, das barocke Trauerspiel und die Barockforschung, in: Daß eine Nation die ander verstehen möge. Festschrift für Marian Szyrocki zu seinem 60. Geburtstag, hg. von Norbert Honsza u. Hans-Gert Roloff, Amsterdam, S. 663-676
Schmid, Herta (1997): Dramentheorie, in: Reallexikon der deutschen Literaturwissenschaft. Neubearbeitung des Reallexikons der deutschen Literaturgeschichte, Bd. 1, gemeinsam mit Harald Fricke, Klaus Grubmüller u. Jan-Dirk Müller hg. von Klaus Weimar, Berlin/New York, S. 402-406
Schmid, H[olger] (1995): Die Geburt der Tragödie aus dem Geiste der Musik, Friedrich Nietzsche, in: Lexikon literaturtheoretischer Werke, hg. von Rolf Günter Renner u. Engelbert Habekost, Stuttgart, S. 151-153
Schmidt, Jochen (1994/95): Tragödie und Tragödientheorie. Hölderlins Sophokles-Deutung, in: Hölderlin-Jahrbuch 29, S. 64-82
Schneilin, Gérard (2001a): Komödie, in: Theaterlexikon. Begriffe und Epochen, Bühnen und Ensembles, hg. von Manfred Brauneck u. Gérard Schneilin, 4. vollständig überarb. und erw. Neuausgabe, Reinbek, S. 546-550
Schneilin, Gérard (2001b): Tragikomödie, in: Theaterlexikon. Begriffe und Epochen, Bühnen und Ensembles, hg. von Manfred Brauneck u. Gérard Schneilin, 4. vollständig überarb. und erw. Neuausgabe, Reinbek, S. 1134-1138
Schößler, Franziska (2006): Avantgarde nach dem Ende der Avantgarde: Soziales Engagement und Aktionskunst nach 1995, in: Positionskämpfe europäischer Intellektueller im 20. Jahrhundert, hg. von Ingrid Gilcher-Holtey, Berlin, S. 379-396
Schwinge, Ernst-Richard (1990): Aristoteles und die Gattungsdifferenz von Epos und Drama, in: Poetica 22, S. 1-20
Söffing, Werner (1981): Deskriptive und normative Bestimmungen in der Poetik des Aristoteles, Amsterdam
Staiger, Emil (1946): Grundbegriffe der Poetik, Zürich
Steiner, Uwe (1992): Traurige Spiele – Spiele vor Traurigen. Zu Walter Benjamins Theorie des barocken Trauerspiels, in: Allegorie und Melancholie, hg. von Willem van Reijen, Frankfurt a.M., S. 32-63
Stockinger, Claudia (2000): Dramaturgie der Zerstreuung. Schiller und das romantische Drama, in: Das romantische Drama. Produktive Synthese zwischen Tradition und Innovation, hg. von Uwe Japp, Stefan Scherer u. Claudia Stockinger, Tübingen, S. 199-225
Weitin, Thomas (2003): Bertolt Brecht, in: Heiner Müller Handbuch. Leben – Werk – Wirkung, hg. von Hans-Thies Lehmann u. Patrick Primavesi unter Mitarbeit von Olaf Schmitt, Stuttgart/Weimar, S. 136-146

Wiegmann, Hermann (2002): Poetik, in: Fischer Lexikon Literatur. Neuausgabe, hg. von Ulfert Ricklefs, Frankfurt a.M., Bd. 3, S. 1504-1537

3. weiterführende Forschungsliteratur

Alt, Peter-André (2008): Agonale Freiheit. Goethes und Schillers Tragödientheorie, in: ders.: Klassische Endspiele. Das Theater Goethes und Schillers, München, S. 35-52

Arnold, Heinz Ludwig/Buch, Theo (Hg) (1977): Positionen des Dramas. Analysen und Theorien zur deutschen Gegenwartsliteratur, München

Beckerman, Bernard (1979): Dynamics of Drama: Theory and Method of Analysis, New York

Beiß, Adolf (1962): Nexus und Motive: Beitrag zur Theorie des Dramas, in: DVjs 36, S. 248-276

Belfiore, Elizabeth S. (1994): Tragic pleasures: Aristotle on plot and emotion, Princeton/NJ. [u.a.]

Bennett, Benjamin (1990): Theater as Problem. Modern Drama and its Place in Literature, Ithaca [u.a.]

Berger, Günter (1975): Die Nachwirkungen der Poetik J. C. Scaligers auf die Dramentheorie der Doctrine Classique, Bielefeld

Bremer, Dieter (1987): Vom Mythos zum Musikdrama. Wagner, Nietzsche und die griechische Tragödie, in: Wege des Mythos in die Moderne, hg. von Dieter Borchmeyer, München, S. 41-63

Breuer, Rolf (1988): Tragische Handlungsstrukturen. Eine Theorie der Tragödie, München

Cessi, Viviana (1987): Erkennen und Handeln in der Theorie des Tragischen bei Aristoteles, Frankfurt a.M.

Esslin, Martin (1965): Das Theater des Absurden, Frankfurt a.M.

Esslin, Martin (1978): Was ist ein Drama? Eine Einführung, München

Flashar, Hellmut (1956): Die medizinischen Grundlagen der Lehre von der Wirkung der Dichtung in der griechischen Poetik, in: Hermes 84, S. 12-48

Flashar, Hellmut (1974): Aristoteles und Brecht, in: Poetica 6, S. 17-37

Frick, Werner/Essen, Gesa von/Lampart, Fabian (Hg.) (2003): Die Tragödie. Eine Leitgattung der europäischen Literatur, Göttingen

Gelfert, Hans-Dieter (1995): Die Tragödie. Theorie und Geschichte, Göttingen

Golawski-Braungart, Jutta (2005): Die Schule der Franzosen. Zur Bedeutung von Lessings Übersetzungen aus dem Französischen für die Theorie und Praxis seines Theaters, Tübingen [u.a.]

Grimm, Jürgen (2005): Französische Klassik. Lehrbuch Romanistik, Stuttgart/Weimar

Grimm, Reinhold/ Berghahn, Klaus L. (Hg.) (1975): Wesen und Formen des Komischen, Darmstadt

Grimm, Reinhold/Hinck, Walter (1982): Zwischen Satire und Utopie. Zur Komiktheorie und zur Geschichte der europäischen Komödie, Frankfurt a.M.

Guthke, Karl S. (2006): Das deutsche bürgerliche Trauerspiel, 6., vollst. überarb. u. erw. Aufl., Stuttgart/Weimar

Hamburger, Käte (1967): Versuch einer Typologie des Dramas, in: Poetica 1, S. 145-153

Heidsieck, Arnold (1971): Das Groteske und das Absurde im modernen Drama, Stuttgart

Held, George F. (1995): Aristotle's Theological Theory of Tragedy and Epic, Heidelberg

Heßelmann, Peter (2002): Gereinigtes Theater? Dramaturgie und Schaubühne im Spiegel deutschsprachiger Theaterperiodika des 18. Jahrhunderts (1750-1800), Frankfurt a.M.

Hinck, Walter (1977): Einführung in die Theorie des Komischen und der Komödie, in: Die deutsche Komödie, hg. von Walter Hinck, Düsseldorf, S. 11-31

Höyng, Peter (2009): Peter Szondi's *Theorie des modernen Dramas* (1956/63): From Absolute Drama to Absolute Theory, in: Monatshefte für deutschsprachige Literatur und Kultur 101, S. 314-322

Japp, Uwe (1999): Die Komödie der Romantik. Typologie und Überblick, Tübingen

Kannicht, Richard (1976): Handlung als Grundbegriff der aristotelischen Theorie des Dramas, in: Poetica, 8, S. 326-336

Keller, Werner (Hg.) (1976): Beiträge zur Poetik des Dramas, Darmstadt

Kesteren, Aloysius van/Schmid, Herta (Hg.) (1975): Moderne Dramentheorie, Kronberg/Ts.

Kiel, Ewald (1992): Dialog und Handlung im Drama: Untersuchungen zu Theorie und Praxis einer sprachwissenschaftlichen Analyse literarischer Texte, Frankfurt a.M.

Kim, Eun-Ae (2002): Lessings Tragödientheorie im Lichte der neueren Aristotelesforschung, Würzburg

Klotz, Volker (1999): Geschlossene und offene Form im Drama, 14. Aufl., München

Mann, Otto (1958): Poetik der Tragödie, Bern

Menke, Christoph (1996): Tragödie im Sittlichen: Gerechtigkeit und Freiheit nach Hegel, Frankfurt a.M.

Most, Glenn W. (1993): Schlegel, Schlegel und die Geburt eines Tragödienparadigmas, in Poetica 25, S. 155-175

Müller, Marion (2004): Zwischen Intertextualität und Interpretation. Friedrich Schillers dramaturgische Arbeiten 1796-1805, Karlsruhe

Müller-Schöll, Nikolaus (2002): Das Theater des ‚konstruktiven Defaitismus'. Lektüren zur Theorie eines Theaters der A-Identität bei Walter Benjamin, Bertolt Brecht und Heiner Müller, Frankfurt a.M./Basel

Nuttall, Anthony D. (1996): Why does Tragedy give Pleasure? Oxford

Pfeiffer, K. Ludwig (1989): Tragik und Tragisches. Zur Tragikomödie eines Begriffsschicksals, in: Zur Terminologie der Literaturwissenschaft, hg. von Christian Wagenknecht, Stuttgart, S. 363-372

Pikulik, Lothar (2004): Der Dramatiker als Psychologe: Figur und Zuschauer in Schillers Dramen und Dramentheorie, Paderborn

Pirro, Maurizio (2003): Dramentheorien im Rahmen der deutschen neuklassischen Bewegung um die Jahrhundertwende, in: Literaturwissenschaftliches Jahrbuch 44, S. 251-270

Pirro, Maurizio (2006): Sulzers Physik der Seele und die Dramentheorien Schillers, in: Zeitschrift für Germanistik 16, H. 2, S. 314-323

Profitlich, Ulrich (1991): Argumente für die „Komödie": zur deutschsprachigen Dramentheorie nach 1945, in: „Die in dem alten Haus der Sprache wohnen". Beiträge zum Sprachdenken in der Literaturgeschichte. Helmut Arntzen zum 60. Geburtstag, zus. mit Thomas Althaus u. Burkhard Spinnen hg. von Eckehard Czucka, Münster, S. 513-525

Profitlich, Ulrich (1997): „Geschichte der Komödie": Zu Problemen einer Gattungsgeschichte, in: ZfdPh 116, S. 172-208

Rector, Martin (1999): Lenz und Lessing: Diskontinuitäten der Dramentheorie, in: Lessing und die Literaturrevolten nach 1770, Radaktion: Marion Kutter, Koblenz, S. 53-81

Roche, Mark W. (1998): Tragedy and comedy. A systematic study and a critique of Hegel, New York

Rochow, Christian (1999): Das bürgerliche Trauerspiel, Stuttgart

Rühle, Volker (2002): Tragische Erfahrung und poetische Darstellung des Tragischen, in: Hölderlin-Handbuch. Leben – Werk – Wirkung, hg. von Johann Kreuzer, Stuttgart/Weimar, S. 138-146

Sander, Volker (1971): Tragik und Tragödie, Darmstadt

Schings, Hans-Jürgen (1980): Der mitleidigste Mensch ist der beste Mensch. Poetik des Mitleids von Lessing bis Büchner, München

Schmid, Herta/Kràl, Hedwig (Hg.) (1991): Drama und Theater. Theorie – Methode – Geschichte, München

Schmid, Herta/Striedter, Jurij (Hg.) (1992): Dramatische und theatralische Kommunikation. Beiträge zur Geschichte und Theorie des Dramas und Theaters im 20. Jahrhundert, Tübingen

Schößler, Franziska (2003): Einführung in das bürgerliche Trauerspiel und soziale Drama, Darmstadt

Schrimpf, Hans Joachim (1978): Komödie und Lustspiel. Zur terminologischen Problematik einer geschichtlich orientierten Gattungstypologie, in: ZfdPh 97, S. 152-168

Schulte, Michael (1992): Die „Tragödie im Sittlichen". Zur Dramentheorie Hegels, München

Schulz, Georg-Michael (1988): Theater und Affekte in der Dramentheorie des 18. Jahrhunderts, in: Zur historischen Semantik des deutschen Gefühlswortschatzes. Aspekte, Probleme und Beispiele seiner lexikographischen Erfassung, hg. von Ludwig Jäger, Aachen, S. 204-14

Schulz, Georg-Michael (1988): Tugend, Gewalt und Tod. Das Trauerspiel der Aufklärung und die Dramaturgie des Pathetischen und des Erhabenen, Tübingen

Schulz, Georg-Michael (2007): Einführung in die deutsche Komödie, Darmstadt

Schütrumpf, Eckart (1970): Die Bedeutung des Wortes ethos in der Poetik des Aristoteles, München

Simon, Ralf (Hg.) (2001): Theorie der Komödie – Poetik der Komödie, Bielefeld

Song, Yong-Jin (2006): Die Entwicklung von Friedrich Dürrenmatts dramentheoretischer Konzeption, unter besonderer Berücksichtigung der Stoffe I-III und der Theaterstücke der Spätzeit, Frankfurt a.M. [u.a.]

Spittler, Horst (1979): Darstellungsperspektiven im Drama. Ein Beitrag zu Theorie und Technik dramatischer Gestaltung, Frankfurt a.M. [u.a.]

Styan, Joseph L. (1976): The Elements of Drama, Cambridge

Szondi, Peter (1970): Friedrich Schlegels Theorie der Dichtarten, in: Euphorion 64, S. 181-199

Szondi, Peter (1973): Die Theorie des bürgerlichen Trauerspiels im 18. Jahrhundert. Der Kaufmann, der Hausvater, der Hofmeister, hg. von Gert Mattenklott, Frankfurt a.M.

Turk, Horst (Hg.) (1992): Theater und Drama. Theoretische Konzepte von Corneille bis Dürrenmatt, Tübingen

Wagner, Hans (1987): Aesthetik der Tragödie von Aristoteles bis Schiller, Würzburg

Werling, Susanne (1989): Handlung im Drama. Versuch einer Neubestimmung des Handlungsbegriffes als Beitrag zur Dramenanalyse, Frankfurt a.M.

White, John J. (2004): Bertolt Brecht's Dramatic Theory, Rochester, NY [u.a.]

Zeuch, Ulrike (1999): Der Affekt: Tyrann des Ichs oder Befreier zum wahren Selbst? Zur Affektenlehre im Drama und in der Dramentheorie nach 1750, in: Theater im Kulturwandel des 18. Jahrhunderts. Inszenierung und Wahrnehmung von Körper – Musik – Sprache, hg. von Erika Fischer-Lichte u. Jörg Schönert, Göttingen, S. 69-89

Zierl, Andreas (1994): Affekte in der Tragödie: Orestie, Oidipus Tyrannos und die Poetik des Aristoteles, Berlin

Zimmermann, Bernhard (Hg.) (1992): Antike Dramentheorie und ihre Rezeption, Stuttgart

Personenverzeichnis

(Fett markierte Seitenangaben verweisen auf die für den jeweiligen Autor zentralen Ausführungen zur Dramentheorie.)

In der Reihe „AISTHESIS Studienbuch“ sind bisher erschienen:

Wolfgang Bock
Medienpassagen
Der Film im Übergang
in eine neue Medienkonstallation
Bild – Schrift – Cyberspace II
AISTHESIS Studienbuch 6
2006, ISBN 3-89528-577-3,
281 Seiten, 143 Abbildungen,
kart. € 21,80

Walter Fähnders/
Helga Karrenbrock (Hgg.)
Autorinnen der Weimarer Republik
AISTHESIS Studienbuch 5
2003, ISBN 3-89528-383-5,
297 Seiten, kart. € 15,50

L'art pour l'art
Der Beginn der modernen
Kunstdebatte in französischen
Quellen der Jahre 1818 bis 1847
Herausgegeben, übersetzt und kommentiert von Roman Luckscheiter
AISTHESIS Studienbuch 4
2003, ISBN 3-89528-411-4,
121 Seiten, kart. € 14,-

Wolfgang Bock
Bild – Schrift – Cyberspace
Grundkurs Medienwissen
AISTHESIS Studienbuch 3
2002, ISBN 3-89528-349-5,
262 Seiten, kart. € 20,50

Ralf Simon (Hg.)
Theorie der Komödie – Poetik der Komödie
AISTHESIS Studienbuch 2
2001, ISBN 3-89528-297-9,
223 Seiten, kart. € 20,50

Walter Fähnders (Hg.)
Expressionistische Prosa
AISTHESIS Studienbuch 1
2001, ISBN 3-89528-283-9,
248 Seiten, kart. € 15,50